재미 쏙! 지식 쏙! 속담 한국사
❶ 고조선에서 후삼국 시대

현무와 주작 글 | 이용규 그림

2015년 5월 15일 초판 인쇄
2015년 5월 20일 초판 발행

펴낸이 김기옥 | 펴낸곳 봄나무 | 아동본부장 박재성
편집 김인애 | 객원 편집 이정아 | 디자인 예손 | 영업 김선주
제작 김형식 | 지원 고광현 임민진
등록 제313-2004-50호(2004년 2월 25일)
주소 121-839 서울시 마포구 양화로 11길 13(서교동, 강원빌딩 5층)
전화 (02) 325-6694 팩스 (02) 707-0198
이메일 info@hansmedia.com

도서주문 한즈미디어(주)
주소 121-839 서울시 마포구 양화로 11길 13(서교동, 강원빌딩 5층)
전화 (02) 325-6694 팩스 (02) 707-0198

ⓒ 최향숙, 2015

ISBN 979-11-5613-059-8 74910
       979-11-5613-058-1 (세트)

＊사진 자료 21p ⓒ shutterstock.com, ⓒ 국립중앙박물관 | 75p ⓒ 국립중앙박물관 | 76p ⓒ 국립중앙박물관
           87p ⓒ 국립중앙박물관 | 118p ⓒ 불국사

＊이 책에 사용된 사진은 저작권자의 동의를 받아 게재했습니다.
＊저작권자를 찾지 못한 사진은 확인되는 대로 소정의 절차를 거쳐 연락 드립니다.
＊이 책 내용의 일부 또는 전부를 재사용하려면 반드시 저작권자와 봄나무 양측의 동의를 얻어야 합니다.
＊책값은 뒤표지에 나와 있습니다.

1 고조선에서
후삼국 시대

재미 쏙! 지식 쏙!
속담 한국사

현무와 주작 글 이용규 그림

환웅님 인간이 되고 싶어요!

저를 인간으로 만들어 주세요!

봄나무

우리 역사 공부를 어디서부터 시작하나요?

보통, 역사책을 처음 읽기 시작할 때 《삼국유사》나 《삼국사기》를 읽는 것부터 시작합니다. 이 두 책은 흥미진진한 이야기 창고이기 때문에, 옛날 이야기처럼 술술 읽을 수 있으니까요. 하지만 그 책 속 이야기들은 그냥 이야기가 아니랍니다.

이 두 책의 이름처럼, 두 책의 이야기 속에는 고구려, 백제, 신라 '삼국'의 역사가 담겨 있으니까요. 그뿐인가요? 우리 겨레의 시조 단군왕검과 그가 세운 나라 고조선, 발해를 세운 대조영은 물론 삼국통일 뒤 다시 갈라진 후삼국이 다시 고려로 합쳐지기까지 무려 4천 년 가까운 우리 역사를 담고 있지요.

《속담 한국사 1》은 바로 우리 겨레의 가장 오래된 역사책인 《삼국유사》와 《삼국사기》를 바탕으로 고조선 시대부터 고려 건국까지의 역사를 담았어요.

  그런데 그 역사를 '속담'과 함께 풀어 보았어요. 속담은 오랜 세월 동안 사람들이 얻은 교훈이나 견해를 짧은 문장으로 표현한 것이잖아요?

  당연히 역사의 장면 장면에도 이러한 교훈이나 견해를 찾을 수가 있지요. 그러니 속담과 역사를 연결 지으면서 우리 역사를 공부하면, 우리 역사를 기억하기 쉬운 것은 물론 그 역사에서 얻을 수 있는 교훈이나 당시 사람들의 생각도 어렵지 않게 이해할 수 있을 거예요.

  그러니 역사 공부를 처음 시작하는 친구들, 이 책을 통해 쉽고 재미나게 그리고 우리 역사에 대한 깊은 이해를 시작하기 바라요.

현무와 주작

차례

첫 번째 보따리_단군왕검, 조선을 세우다
오이 덩굴에서 가지 열리는 법 없다 … 9

두 번째 보따리_주몽, 고구려를 세우다
될성부른 나무는 떡잎부터 다르다 … 23

세 번째 보따리_온조, 백제를 세우다
굴러 온 돌이 박힌 돌 뺀다 … 37

네 번째 보따리_박혁거세, 신라를 세우다
호박이 넝쿨째로 굴러떨어졌다 … 51

다섯 번째 보따리_김수로와 가야
대한 7년 비 바라듯 … 65

여섯 번째 보따리 _백제 성왕, 신라에 분노의 칼을 들다
송곳니가 방석니 된다 ··· 77

일곱 번째 보따리 _연개소문의 죽음과 고구려의 멸망
일가 싸움은 개싸움 ··· 91

여덟 번째 보따리 _신라, 삼국을 통일하다
토끼 사냥이 끝나면 사냥개를 잡아먹는다 ··· 105

아홉 번째 보따리 _30년을 기다려 세운 발해
일각이 여삼추 ··· 119

열 번째 보따리 _장보고와 청해진
한 달이 크면 한 달이 작다 ··· 131

열한 번째 보따리 _후삼국 시대의 개막
장수 나자 용마 났다 ··· 145

열두 번째 보따리 _왕건과 후삼국 통일
치 위에 치가 있다 ··· 161

첫 번째 보따리
단군왕검, 조선을 세우다

오이 덩굴에서
가지 열리는 법 없다

'오이 덩굴에서 가지 열리는 법 없다'는
'그 아버지에 그 아들이 날 수밖에 없다'는 뜻을 가진 속담이에요.
아버지가 언제나 모범을 보이고 훌륭한 일을 하면
아들 역시 그 아버지를 닮을 수밖에 없다는 말이지요.
우리 겨레의 시조인 단군왕검도 그런 분이라고 할 수 있죠.
단군왕검의 아버지가 어떤 이였는지,
또 단군왕검은 어떤 일을 했는지 알아볼까요?

하늘의 아들이 낳은 아들

옛날 아주 옛날, 하늘나라에 환인이라는 신이 살았습니다. 환인은 이 세상을 다스리는 가장 높은 신이었어요.

환인에게는 환웅이라는 아들이 있었습니다. 그런데 환웅은 도무지 하늘나라 일에는 관심이 없었습니다. 대신 하늘 아래, 사람들이 사는 세상의 일에만 마음을 두었습니다.

"저 세상으로 내려가 인간들을 널리 이롭게 하고 싶건만……."

그러던 어느 날, 환웅은 태백산(오늘날의 백두산으로 추정됨) 근처의 땅을 내려다보며 중얼거렸습니다.

"마음에 꼭 드는 땅이구나!"

환인은 이런 환웅의 마음을 알게 되었습니다. 그래서 환웅을 조용히 불러 물었지요.

"너는 저 아래, 인간 세상이 그렇게 좋으냐?"

아버지의 물음에 환웅은 망설였습니다. 그러나 용기를 내어 입을 열었답니다.

"예, 아버님! 저는 이 하늘나라보다 저 인간 세상에 더 마음이 끌립니다."

환인은 환웅을 물끄러미 바라보다가, 뭔가를 내밀었습니다.

"이, 이것은!"

환웅의 눈이 동그래졌습니다. 아버지가 준 것은 천부인이었기 때문입니다. 천부인은 세 개의 귀한 도장으로, 하늘의 아들임을 나타내는 귀한 표식이었지요.

"이것을 가지고 인간 세상으로 내려가, 네 뜻을 펴 보거라."

"아버님! 정말, 허락해 주시는 것입니까!"

환웅이 눈물을 글썽이자, 환인은 가만히 고개를 끄덕였습니다. 그제야 환웅도 활짝 웃었지요.

환웅은 곧 인간 세상으로 내려갔답니다. 그는 천부인과 더불어, 3천 명의 무리도 함께 데리고 태백산으로 향했습니다. 그 무리 가운데는 바람을 다스리는 풍백, 구름을 다스리는 운사, 그리고 비를 다스리는 우사라는 이도 있었습니다. 환웅은 이들과 함께 태백산의 신령스러운 나무인 신단수 아래에 머물렀지요. 그리고 그곳을 신시라고 불렀습니다.

신시에서 환웅은 풍백과 운사, 우사를 시켜 농사를 돌보게 했습니다. 풍백이 바람을 다스리고, 운사와 우사가 구름과 비를 다스려, 곡식이 잘 자라도록 도운 것입니다. 한편으로 환웅은 사람들의 병을 고치고,

사람들 사이에 시비가 붙으면 옳고 그름을 가려 주었습니다. 더 나아가 죄를 지은 사람에게는 벌을 주었지요. 환웅이 사람들 세상에서 일어나는 모든 일을 돌보고, 그들을 다스렸던 것입니다. 그래서 사람들은 환웅을 환웅천황이라고 불렀답니다.

신시 가까운 곳에는 곰과 호랑이가 살고 있었습니다. 곰과 호랑이는 환웅천황이 사람들을 다스리는 것을 보고는, 사람이 되고 싶었습니다. 그들은 곧 환웅천황을 찾아갔지요.
"환웅천황이시여! 저희는 사람으로 살고 싶습니다!"
"부디 저희를 도와주십시오!"
곰과 호랑이가 간절하게 말하자, 환웅천황이 쑥과 마늘을 주며 말했습니다.
"이 쑥과 마늘만 먹으면서 100일 동안 햇빛을 보지 말거라. 그러면 너희의 소원을 이룰 수 있을 것이다."
곰과 호랑이는 감사의 절을 한 뒤, 그 길로 깜깜한 동굴 속으로 들어갔습니다.
하지만 쑥과 마늘만 씹으며 깜깜한 동굴 속에서 지낸다는 것은 쉽지 않은 일이었습니다. 특히 호랑이는 갑갑증이 나서 가슴이 터져 버릴 것만 같았습니다.

"숲 속을 뛰어다니며 다른 동물을 사냥하던 내가……. 이건 도저히 못 견딜 노릇이야!"

호랑이가 몸부림을 치자, 곰이 호랑이를 달랬습니다.

"그래도 참아. 사람이 되는 게 쉬운 일일 거라고 생각했니?"

그러나 호랑이는 고개를 절레절레 저었습니다.

"쉬운 일은 아니겠지. 하지만 난 이걸 견뎌 낼 수 없어. 난 호랑이니까."

호랑이는 이렇게 말하며 동굴 밖으로 뛰쳐나갔습니다. 그런 호랑이를 바라보며 곰은 이를 악물었답니다.

"그래도 나는 견뎌 낼 거야! 꼭 사람이 되고 말 거야."

그렇게 하루하루가 지나, 스무하루째 되는 날이었습니다. 곰은 제 몸이 가벼워지는 걸 느꼈습니다. 몸에서 향긋한 냄새가 풍기는 것도 같았고요. 곰은 무심코 제 몸을 내려다보았습니다. 순간, 눈물이 핑 돌았습니다.

"아! 내 몸이!"

곰은 휘청휘청, 동굴 밖으로 나갔습니다. 그리고 떨리는 마음으로 연못을 들여다보았지요. 연못 속에서 아름다운 여인이 눈물을 글썽이고 있었답니다.

"내가, 내가 여자 사람이 되었어!"

쑥과 마늘만을 먹으며 어둠을 이겨 낸 곰이 드디어 사람이 된 것입니다.

사람들은 여자가 된 곰을 웅녀라고 불렀습니다. 웅녀는 정말로 행복했습니다. 그토록 바라던 소원을 이루었으니까요. 그런데 얼마 뒤 이런 생각이 들었답니다.

'여자로 태어났으니, 이젠 아이도 낳을 수 있겠지?'

웅녀는 날마다 신령스러운 떡갈나무 아래로 가서 기도했습니다. 아이를 낳게 해 달라고 말입니다.

이 소리를 들은 환웅천황은 웅녀를 아내로 맞이했습니다. 곧 이 둘 사이에 떡두꺼비 같은 아들이 태어났지요. 사람들은 그를 단군왕검이라고 부르며 따랐습니다.

그러자 단군왕검은 아사달을 도읍으로 정하고 나라를 세웠습니다. 이 나라가 바로 우리 겨레의 첫 국가인 조선(고조선)입니다. 그 뒤 단군왕검은 천오백여 년 동안 나라를 다스리다, 산으로 들어가 산신이 되었다고 합니다.

　환웅은 이처럼 인간 세상으로 내려와 신시를 열고, 그의 아들 단군왕검은 조선을 세웠습니다.

　'오이 덩굴에서 가지 열리는 법 없다'는 속담처럼, 하느님의 아들인 아버지는 사람들을 다스리고, 아들은 더 나아가 나라를 세운 거지요.

　이 이야기는 고려 시대의 승려 일연이 지은 《삼국유사》에 실려 있답니다. 우리 조상들은 우리 겨레의 역사가 이 단군왕검으로부터 시작되었다고 생각했지요.

　그런데 역사라고 하기에 〈단군 신화〉의 내용은 너무나 허무맹랑해 보이지 않나요? 하늘에서 신의 아들이 내려오고, 곰이 사람이 되다니 말입니다. 단군왕검이 천5백여 년이나 나라를 다스렸다는 것은 또 어떻고요? 하지만 찬찬히 생각하면서 이 이야기를 읽다 보면, 우리 겨레의 시조 단군왕검과 우리 겨레가 처음으로 세운 국가인 조선에 대한 역사적 사실을 추측할 수 있답니다.

　먼저 단군의 아버지인 환웅에 대해 살펴볼까요? 〈단군 신화〉에서 환웅은 하느님의 아들입니다. 그런데 태백산 근처로 내려오지요. 이것은 환웅이 어디서부터인지는 알 수 없지만 태백산 근처로 이주해 온 사람임을 나타내는 것입니다. 그런데 환웅은 혼자가 아니었습니다. 무려 3천 명의 무리를 이끌고 왔다니까요. 그것은 환웅이 3천 명 정도를 이끌고 있던 집단의 우두머리였음을 상징하지요. 그런데 환웅과 환웅이 이끌고 온 집단은 농사 기술을 가지고 있었던 것으로 보입니다. 환웅의 무리 가운데 풍백, 운사, 우사가 있어 농사일을 도왔다고 했잖아요? 이것은 농사를 짓는 데 가장 중요한 바람과 구름, 물을 다스릴 정도로 뛰어난 농사 기술을 가지고 있었음을 의미하는 것이지요. 또 환웅은 병을

고치고 인간 세상의 모든 일을 돌보았다고 했는데, 그것은 환웅이 그 주변을 다스리기 시작했음을 뜻합니다. 즉 환웅은 농사 기술이 뛰어난 집단을 이끌고 태백산 근처로 이주해 와서, 그 주변에 커다란 영향력을 행사하기 시작한 거예요. 훗날 사람들이 그것을 '하늘의 아들이 3천 명의 무리를 이끌고 태백산 근처로 내려와 사람들의 일을 돌보았다.'고 표현한 것입니다.

그렇다면 웅녀는 무엇을 나타내는 것일까요? 어떻게 곰이 사람이 될 수 있냐고요! 이 부분은 토테미즘과 연관 지어 생각할 수 있습니다. 옛날, 우리나라는 물론 세계 곳곳에서는 특정한 동물이나 자연물이 자신들의 조상이라고 믿으며 숭배했습니다. 이를 토테미즘이라고 하지요. 각각의 부족은 자신들의 조상이 늑대나 독수리와 같은 동물의 후손이라고 여기며, 그 동물을 숭배했습니다.

아마도 환웅이 이주해 온 태백산 근처에는 곰과 호랑이를 각각 조상으로 숭배하는 부족들이 살고 있었나 봐요. 그런데 환웅 부족이 자신들이 사는 곳으로 이주해 왔는데, 가만히 보니 자기들보다 훨씬 앞선 문명을 갖고 있는 거예요. 그래서 이들은 환웅 부족과 합치고 싶었습니다. 이것을 〈단군 신화〉에서 '곰과 호랑이가 사람이 되고 싶었다.'고 표현한 것이랍니다. 하지만 어떤 이유에서인지 모르지만 호랑이 부족은 환웅 부족과 합쳐지지 못했습니다. 곰 부족만 환웅 부족과 합쳐졌고, 더 나아가 환웅과 곰 부족의 처녀가 결혼을 해서 환웅의 후계자까지 낳게 되었습니다. 이 후계자가 바로 단군왕검이지요.

단군왕검은 드디어 조선이라는 나라를 세웁니다. 단군왕검에서 단군은 제사장을 왕검은 지배자를 뜻한다고 하지요. 단군왕검은 제사장이면서 지배자였던 것입니다. 이는 단군왕검이 다스리던 시대는 하늘에 제사를 지내는 이가 사람들을 이끄는 우두머리였음을 알려 줍니다. 이런 시대를 제정일치의 시대라고 하지요.

그런데 단군왕검이 무려 천오백여 년 동안이나 나라를 다스렸다고 했습니다. 사람이 어떻게 천오백여 년을 살겠어요? 이 말은 조선을 세운 단군왕검 이후의 우두머리 역시 단군왕검이라는 호칭을 썼다는 것을 말해 줍니다. 그 호칭을 쓰면서 나라가 천오백여 년 동안이나 지속되었던 것이지요.

이처럼 〈단군 신화〉에는 단군왕검의 탄생과 조선의 건국, 그리고 조선 사회의 성격까지 나타나 있답니다.

자, 그렇다면 이제 조선이 어떻게 발전했는지 살펴볼까요?

《삼국유사》의 기록에 따르면, 단군왕검이 조선을 세운 것은 기원전 2333년이라고 합니다. 조선은 청동기를 바탕으로 세워진 나라였지요.

조선이 등장하는 가장 오래된 역사책은 기원전 7세기쯤에 쓰인 중국의 책이에요. 당시 조선은 보하이만 북쪽에 있었으며, 중국의 나라들과 교역한 것으로 나타나지요. 그 뒤 조선은 철기 문화를 받아들이며 더욱 발전했습니다.

그런데 조선 서쪽에는 중국의 연나라가 있었답니다. 조선은 연나라와 세력을 다툴 수밖에 없었지요. 그 다툼 끝에 조선은 서쪽의 땅을 2천여 리나 잃고 말았습니다. 그 바람에 중심지를 요하 지방에서 한반도 북쪽으로 이동시켜야 했습니다.

그 뒤 진시황제가 중국을 통일하고, 다시 한나라가 중국의 주인이 됩니다. 그런데 연나라의 왕이 한나라에 반란을 일으켜 연나라 땅에 큰 혼란이 일어났습니다. 그러자 연나라 땅에 살던 많은 이들이 고조선으로 망명해 왔지요.

그 가운데 위만이라는 사람이 있었습니다. 조선의 준왕은 위만으로 하여금 국경을 지키게 했습니다. 위만의 무리가 1천여 명이나 되었거든요. 그런데 기원전 194년 위만은 반란을 일으켰습니다. 준왕을 밀어내고 왕이 된 거예요. 이때부터를 위만 조선 그리고 그 전의 조선은 위만 조선과 구별하여 고조선이라고 불렀답니다. 하지만 오늘날에는 위만 조선과 고조선 모두를 흔히 고조선이라고 부릅니다.

▲ 고인돌
청동기 시대부터 초기 철기까지 계속된 거석문화(巨石文化)를 보여 주는 유물로 고대 국가 직전의 사회상을 표현하고 있다.

위만은 고조선의 체제를 그대로 이어받아 나라를 다스렸습니다. 권력을 잡은 위만 세력이 이전에 권력을 잡고 있던 세력들에게도 힘을 나누어 주었던 거예요. 이 때문에 조선은 금세 안정을 되찾았고, 위만 조선은 더욱 발전하지요. 위만의 손자인 우거왕 때에는 중국과 한반도 남쪽의 나라들

▲ 한국식동검
한반도 청동기 시대의 대표적인 동검이다. 러시아에서도 발견되었으며 고대 문화의 전파를 이해하는데 도움을 준다.

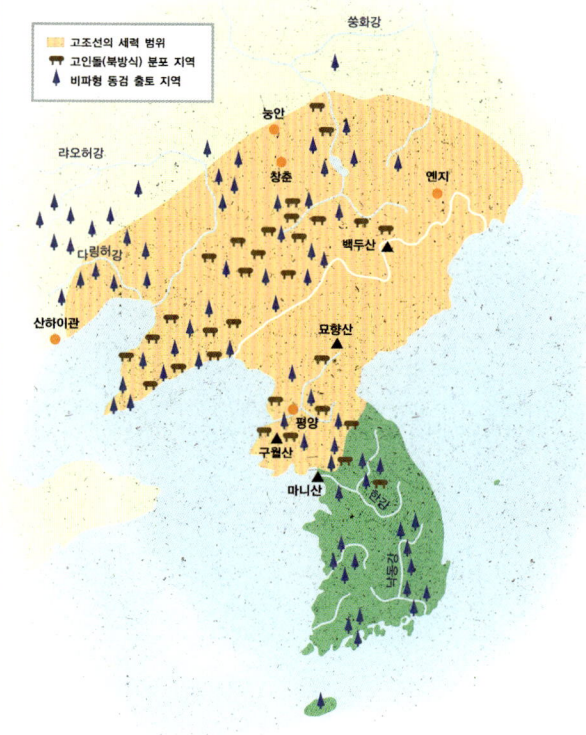

▲ 고조선의 세력 범위
고조선의 세력 범위는 비파형 동검과 북방식 고인돌이 발견되는 곳과 일치한답니다. 그리고 고조선의 중심지는 랴오허 강 하류 지역인 요동 지역에서 한반도 북쪽으로 이동되었다고 추측되고 있어요.

사이에서 중계 무역을 하며 큰 이익을 얻었습니다.

그런데 109년, 중국의 한나라가 위만 조선으로 쳐들어왔습니다. 위만 조선의 힘이 더 커지는 것을 그냥 둘 수 없다고 판단했던 거예요. 위만 조선은 1년여의 항전 끝에 결국 한나라에 무너지고 말지요. 이로써 조선의 역사가 막을 내리게 됩니다.

하지만 우리 겨레의 역사가 끝이 난 것일까요? 물론 아니죠! 고조선이 멸망할 무렵에는 우리 겨레가 세운 또 다른 나라들, 즉 부여, 동예, 옥저, 삼한 등이 있었습니다. 우리 겨레의 역사는 이 나라들을 바탕으로 계속됩니다.

두 번째 보따리
주몽, 고구려를 세우다

될성부른 나무는
떡잎부터 다르다

'될성부른 나무는 떡잎부터 다르다'는 속담은
앞으로 잘 자랄 나무는 첫 잎부터 뭔가 다르다는 말로,
'뛰어난 인물은 어릴 적부터 남다른 데가 있다.'는 뜻을
비유적으로 표현한 거예요.
이 속담은 고구려를 세운 주몽에게 딱 어울립니다.
주몽은 어려서부터 남다른 데가 있는 인물이었거든요.
그 남다른 점이 무엇이었을까요?

알에서 태어난 활쏘기 신동, 주몽

부여의 금와왕이 태백산 남동쪽 우발수를 거닐 때였습니다.

"웬 여인인고……."

한 여인이 물가에 앉아 있는 것이었습니다.

"그대는 누구인데, 이 한적한 곳에 있는 것이오?"

금와왕의 물음에 여인이 가만히 입을 열었습니다.

"저는 유화라고 하옵니다."

이렇게 제 이름을 밝힌 유화는 자신의 사연을 털어놓았습니다.

유화는 강의 신 하백의 딸이었습니다. 어느 날 그녀는 동생들과 함께 나들이를 나갔다가 천제(하느님)의 아들인 해모수를 만났답니다. 해모수는 아름다운 유화에게 한눈에 반했습니다. 그래서 유화를 웅신산 밑 압록강가의 집으로 데려갔지요. 그런데 얼마 뒤, 해모수는 하늘로 돌아가 버리고 말았습니다. 이를 안 하백은 크게 노했습니다. 아버지의 허락도 없이 딸이 혼인을 해 버렸으니까요. 그래서 하백이 유화를 우발수 가로 귀양 보내, 유화가 우발수가에 앉아 있던 것이었지요.

"아하, 그런 사연이 있었구려."

유화를 측은하게 생각한 금와왕은 유화를 부여의 궁궐로 데려갔습니다.

그런데 유화가 부여의 궁궐에서 지내던 어느 날이었습니다. 방 안에 우두커니 앉아 있는데, 한줄기 빛이 방 안으로 들어오는 게 아니겠어요? 유화는 엉겁결에 몸을 피했지요. 그런데 그 빛이 자꾸만 유화를 따라오는 것이었습니다. 그 빛은 유화만을 따라다니며 환하게 비추었지요.

그 일이 있고 나서 얼마 뒤, 유화는 깨달았습니다.

'아, 내가 아이를 가졌어. 그 빛이 비춘 뒤, 아이가 생긴 거야!'

유화의 배는 점점 불러 와, 어느 새 아이를 낳을 때가 되었습니다. 그런데 유화가 낳은 것은 아이가 아니었답니다. 그것은 닷 되들이만 한 커다란 알이었습니다!

유화가 알을 낳았다는 소문은 금세 퍼졌지요. 그 소식을 들은 금와왕은 버럭 소리쳤습니다.

"사람이 알을 낳다니! 세상이 어찌 이런 일이 일어날 수 있단 말이냐! 그 알은 돼지에게 먹이로나 줘 버려라."

금와왕의 명에 군사들이 알을 돼지우리에 던졌습니다. 그런데 어쩐 일인지, 돼지들이 알 주변에는 얼씬도 하지 않았습니다.

"알을 길가에 내다 버려라, 소나 말이 짓밟아 버리도록."

군사들은 다시 왕의 명을 따랐지요. 그러나 소나 말은 알을 보자 슬슬 피했습니다. 이를 안 금와왕은 알을 들에 내다 버리라고 명했습니다. 새나 들짐승의 먹이가 되라고요. 그러나 이 역시 금와왕의 뜻대로 되지 않았습니다. 새나 들짐승들은 알을 먹기는커녕, 알을 보호하듯 감싸 주었거든요.

그러자 금와왕은 알을 가져오라고 했습니다. 그러고는 도끼로 알을 쪼개 버리려고 했지요. 그러나 아무리 힘센 장정이 도끼질을 해도 알은 끄떡하지 않았습니다. 금와왕은 그제야 포기한 듯 말했습니다.

"어쩔 도리가 없구나. 저 알을 제 어미에게 돌려주어라."

알을 돌려받은 유화는 부드러운 천으로 알을 싸서 따뜻한 곳에 두었습니다. 그렇게 며칠이 흐른 어느 날, 유화는 기쁨과 감사의 눈물을 흘렸습니다. 알 속에서, 한 아이가 껍질을 부수고 나왔던 것입니다.

아이는 무럭무럭 자랐습니다. 훤하게 잘생겼을 뿐만 아니라, 몸집도 크고 튼튼했지요. 일곱 살이 되었을 때는 스스로 활을 만들어 쏘았습니다. 활솜씨도 따를 자가 없어, 백 번 쏘면 백 번을 다 맞추는 신궁이었습니다. 그래서 사람들은 그 아이를 주몽이라고 불렀습니다. 부여에서는 활을 잘 쏘는 이를 주몽이라고 불렀거든요.

주몽은 부여의 궁궐에서 금와왕의 일곱 아들들과 함께 자랐습니다. 그런데 금와왕의 아들들은 주몽을 싫어했습니다. 무엇이든지 자기들보다

뛰어난 주몽을 시기한 것이지요. 특히 맏아들인 대소는 주몽을 몹시 미워했습니다.

"주몽은 사람의 자식이 아닙니다. 그러니 일찍이 없애시옵소서. 그러지 않으면 훗날, 큰 화가 될 게 분명합니다."

대소의 말에 금와왕은 고개를 저었습니다. 그러고는 주몽에게 말 기르는 일을 시켰습니다.

주몽은 좋은 말을 알아보는 능력도 탁월했습니다. 그래서 좋은 말은 적게 먹여서 여위게 하고, 나쁜 말을 잘 먹여서 살찌게 했습니다. 그것을 알 리 없는 금와왕은 살찐 말은 자기가 타고 여윈 말은 주몽에게 주었습니다.

이를 지켜만 보고 있던 대소는 어떻게든 주몽을 없애기로 마음먹었습니다. 이를 가장 먼저 알아챈 사람은 다름 아닌 유화였습니다. 유화는 조용히 주몽을 불러 이렇게 말했답니다.

"대소가 너를 죽이려 하는 것이 분명하다. 그러니 어서 이 나라를 떠나거라. 너라면 어디를 가든 큰일을 이룰 수 있을 것이다."

주몽은 망설였습니다. 그러나 가만히 있다가는 대소에게 당할 것이 분명했지요. 결국 주몽은 오이, 마리, 협보 세 사람을 데리고 궁궐을 몰래 빠져나왔습니다.

이 소식을 들은 대소는 주몽을 추격하기 시작했답니다.

"주몽을 그냥 보내서는 안 된다. 언젠가 큰 화가 되어 돌아올 거야."

대소는 기를 쓰고 주몽을 추적했습니다. 주몽도 이를 악물고 도망쳤지요. 그러다 엄수에 닿고 말았습니다. 강물에 길이 막혀 버린 것입니다. 주몽은 하늘을 우러르며 소리쳤습니다.

"나는 천제의 아들이자, 하백의 손자다. 내가 여기서 이렇게 죽어야 한단 말이냐!"

주몽이 말을 마치자, 갑자기 강물이 새까매지기 시작했습니다. 가만 보니, 물속의 자라와 고기들이 떠오르고 있는 것이었습니다. 자라와 고기들은 물 표면까지 올라와 다리가 되었습니다. 주몽과 그 일행은 그 다리를 건넜지요. 주몽과 그 일행이 강을 건너자, 자라와 고기들은 순식간에 사라져 버렸습니다.

이렇게 대소의 추격을 피한 주몽은 모둔곡이라는 곳에서 재사와 무골, 묵거라는 이들을 만났습니다. 이들을 주몽에게 큰 힘이 되었답니다. 그래서 주몽은 비류수에 도읍을 정하고, 나라를 세울 수 있었습니다. 이 나라가 바로 고구려입니다.

될성부른 나무, 주몽이 세운 고구려

주몽이 왜 될성부른 나무인지 알겠나요? 우선 주몽은 태어날 때부터 남달랐잖아요. 알에서 태어났으니까요. 일곱 살부터는 신궁 소리를 들었고, 좋은 말을 알아보는 안목도 뛰어났습니다.

주몽이 살던 때 활 솜씨와 말 고르는 능력은 참으로 중요한 재능이었답니다. 부여나 고구려는 농사도 지었지만 말을 타고 사냥을 하는 일도 많았습니다. 또 당시는 작은 나라들이 서로 힘을 겨루는 때라서 전쟁도 빈번했지요. 그런 때 활을 잘 쏘는 사람이 얼마나 중요했을까요? 활을 잘 쏘는 사람은 먹을 것을 잘 구할 수 있는 사람이었고, 전쟁에 나가서도 큰 공을 세울 수 있는 사람이었습니다. 좋은 말을 고르는 능력은 또 어떻고요? 좋은 말을 타는 것은 오늘날로 따지면 성능 좋은 비행기를 타는 것과 같았습니다. 좋은 말이 있어야 적을 쫓을 수 있고, 또 적으로부터 도망칠 수도 있으니까요. 또 적과 맞서 싸울 때도 말이 약하면 아무리 싸움을 잘해도 적을 이기기가 쉽지 않았지요. 주몽은 이런 중요한 능력을 타고나, 어려서부터 두각을 나타낸 인물이었습니다. 될성부른 나무로, 떡잎부터 달랐던 것입니다.

그런데 당시는 고조선이 망한 뒤, 옛 고조선의 영역에 이렇다 할 주인이 없는 때였습니다. 고조선을 멸망시킨 한나라는 고조선의 영역에 낙랑, 임둔, 진번, 현도 등 네 개의 군을 설치하고 고조선 땅을 지배하려고 했지만, 고조선 유민들의 거센 저항에 부딪혔습니다. 결국 낙랑만이 오늘날의 한반도 북부에 남게 되었지요. 한편에는 고조선이 멸망하기 이전부터 우리 겨레가 세운 또 다른 나라들이 있었습니다. 부여, 동예, 옥저와 같은 나라들이 었지요. 이렇게 옛 고조선 땅에는 여러 나라와 세력들이 서로 힘을 겨루며, 큰 나라로 성장할 기회를 노리고 있었습니다.

이러한 때 주몽이 등장한 것입니다. 일단 부여에서 탈출한 주몽은 자신을 도울 세력을 모았습니다. 그들 가운데 대표적인 사람이 바로 앞의 이야기에 등장한 재사, 무골, 묵거지요.

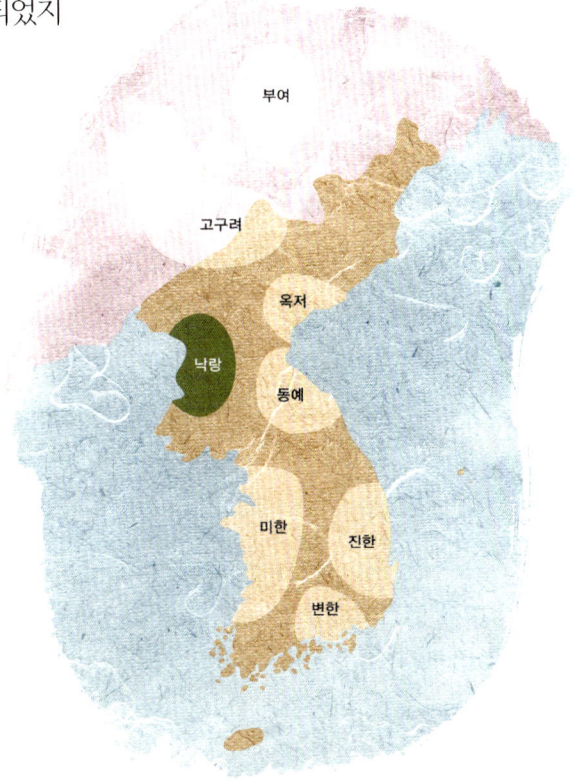

▲ **고구려가 성립될 무렵의 한반도**
훗날 고구려는 낙랑 등을 물리쳐 한반도의 중국 세력을 모두 축출하고, 옥저, 동예, 부여 등 우리 겨레가 세운 나라들을 모두 통합해요.

또 송양이라는 이가 다스리는 작은 나라를 규합하고, 소서노라는 여인과 결혼도 합니다. 소서노는 졸본 땅을 다스리던 연타발이라는 이의 딸인데, 주몽은 소서노와 결혼함으로써 연타발의 강력한 지원을 얻을 수 있었습니다. 이렇게 해서 주몽은 남부럽지 않은 세력을 갖춰, 새로운 나라 고구려를 세울 수 있었던 것입니다.

훗날 고구려 사람들은 주몽을 **동명 성왕**이라고 불렀습니다. 글자 그대로 해석하면, '동쪽의 밝고 성스러운 왕'이라고 할 수 있지요. 성스럽다는 뜻을 넣은 것은, 그만큼 주몽을 신처럼 여겼다는 뜻이기도 합니다.

주몽의 신화를 잘 되새겨 보면, 고구려 사람들이 주몽을 얼마나 신처럼 떠받들었는지 알 수 있습니다. 일단 주몽을 '알에서 태어났다'고

했지요. 옛날 사람들에게 알은 태양의 의미였습니다. 알과 태양의 모양이 비슷했기 때문입니다. 또 알은 새가 낳는 것인데, 옛날 사람들은 새를 하늘의 뜻을 세상에 전달하는 역할을 한다고 믿었습니다. 따라서 주몽이 알에서 태어났다는 것은 주몽이 태양과 같은 존재이고, 하늘이 내린 사람이라는 뜻을 담고 있습니다. 고구려 사람들은 자기 시조를 하늘의 자손으로 표현해, 스스로의 자부심으로 삼은 것이지요.

우리 겨레의 방파제, 고구려

주몽이 고구려를 세운 것은 기원전 37년이라고 합니다. 그러나 고구려가 국가의 모습을 제대로 갖춘 것은 6번째 임금인 태조(재위 53년~146년) 대에 들어서라고 해요. 태조는 주변의 여러 나라를 정복하고, 귀족들의 힘을 꺾으면서 강력한 왕권을 세웠거든요.

그 뒤 고구려는 주변의 유목 민족은 물론 중국의 여러 나라들을 끊임없이 공격하고 또 공격을 받으며 성장했습니다. 도읍지인 국내성이 외적에게 짓밟히는 위기를 겪기도 했지만, 4세기 들어 압록강 하구의 서안평을 손에 넣으며 크게 성장할 수 있었습니다. 서안평은 한반도에서 중국으로, 중국에서 한반도로 오가는 길목이었습니다. 따라서 서안평을 얻게 되면 중국과 한반도의 교역을 독차지해 큰돈을 벌 수 있었지요. 또 한반도 북부에 남아 있던 중국 세력인 낙랑의 힘을 약화 시킬 수도 있었습니다. 결국 고구려는 낙랑을 멸망 시켜, 한반도에 남아 있던 중국 세력을 완전히 몰아냈답니다. 이로써, 고구려는 백제와 신라와 국경을 마주하게 되지요.

이때부터 고구려, 백제, 신라의 경쟁이 본격적으로 시작됩니다. 고구려와 먼저 맞붙은 나라는 백제였습니다. 4세기 중반, 최고의 전성기를 누리던 백제는 평양성까지 치고 올라와 고구려와 맞붙었습니다. 이때, 고구려의 왕이 화살을 맞아 숨을 거두었지요. 이 때문에 나라가 휘청하기도 했었습니다.

그러나 소수림왕(재위 371년~384년)이 불교를 받아들여 백성들의 마음을 하나로 모으고, 태학을 세워 인재를 양성하는 등, 흐트러진 나라를 잘 안정시켰습니다. 그리고 그 안정의 바탕에서, 고구려 최고의 정복 왕인 광개토 대왕(재위 391년~412년)이 등장했습니다. 광개토 대왕은 20여 년 동안 북쪽의 유목 민족들과 싸우며 고구려의 영토를 넓혀, 고구려를 동북아시아 최강의 나라로 키웠습니다. 그의 아들 장수왕(재위 412년~491년)은 오늘날의 평양으로 도읍을 옮겨, 남쪽으로도 영역을 확장했지요. 그리고 백제의 도읍인 한성으로 쳐들어가 백제의 왕을 죽이고 한강 부근의 땅을 차지했습니다. 이로써 고구려는 장수왕 때 가장 넓은 영토를 갖게 되었답니다.

그러나 7세기 들어, 고구려는 다시 한 번 위기에 놓이게 됩니다. 300년이 넘게 여러 나라로 분열되어 서로 싸우던 중국에 통일 왕조인 수나라와 당나라가 차례로 등장한 것입니다. 이때 고구려는 수나라와 당나라와

▲ 5세기 고구려의 영역
광개토 대왕부터 그의 아들 장수왕이 다스리던 5세기가 고구려의 최전성기예요.

 침입을 지속적으로 받았습니다. 하지만 수나라와 전쟁 때는 을지문덕이 살수에서 대승을 거두고, 당나라와의 전쟁 때는 안시성에서 대군을 막아 내면서, 굳건히 나라를 지키지요.

 그래서 역사학자들은 고구려는 우리 민족의 방파제였다고 평가한답니다. 북쪽에서 중국 세력과 유목 민족들의 공격을 막아, 우리 겨레를 지켜 내는 역할을 했기 때문입니다.

세 번째 보따리
온조, 백제를 세우다

굴러 온 돌이
박힌 돌 뺀다

이 속담은 새로이 등장한 이가 원래 있었던
사람의 자리를 빼앗거나 해를 입힌 경우에 쓰여요.
여기서 '굴러 온 돌'은 새로 등장한 사람을,
'박힌 돌'은 원래 있었던 사람을 비유한 것이지요.
그런데 우리 역사에 이 속담과 딱 맞는 상황이 있었답니다.
어떤 상황이었을까요?
그 이야기를 한 번 들어 보아요.

새 나라를 찾아 떠나는 비류와 온조

비류와 온조는 고구려의 왕자였습니다. 두 아들의 어머니 소서노는 주몽의 아내로, 고구려를 세우는 데 큰 힘을 보탠 여장부였지요.

"대왕 마마의 뒤를 이을 왕자님은 누구일까? 비류 왕자님일까? 온조 왕자님일까?"

사람들은 이렇게 수군댔습니다. 비류와 온조도 내심 궁금했지요. 하지만 주몽은 아직 태자를 정하지 않고 있었습니다.

그러던 어느 날이었습니다. 한 젊은이가 주몽을 찾아왔습니다. 젊은이는 품에서 잘라진 칼 조각을 하나 내밀었습니다.

"제 아버님께서 어머니와 뱃속에 있는 저를 떠나시며 남기신 유품입니다."

주몽은 떨리는 손으로 칼 조각을 받아 들었습니다. 부여를 떠나던 날의 기억이 오롯이 떠올랐습니다. 부여를 떠날 때, 주몽에게는 아내가 있었습니다. 아내는 그 때, 아이를 가진 상태였지요. 주몽은 만약 아들을 낳아 그 아들이 장성하면 자신에게 보내라며 칼 조각을 징표로 남겼습니다.

"네 이름이 무엇이냐?"

주몽의 말에 청년이 눈물을 글썽이며 대답했습니다.

"유리라 하옵니다."

주몽은 유리에게 다가갔습니다. 그리고 품에서 뭔가를 꺼냈지요. 그것은 또 다른 칼 조각이었습니다. 주몽은 유리 앞에서 자신의 칼 조각과 유리의 칼 조각을 맞붙였습니다. 두 조각은 꼭 맞아떨어졌지요. 주몽은 유리를 덥썩 안았습니다.

"아들아! 내 아들아!"

유리도 처음 보는 아버지를 얼싸 안고 눈물을 흘렸습니다.

이를 바라보던 비류와 온조는 망치로 머리를 얻어맞기라도 한 것처럼, 정신이 멍해졌습니다.

비류와 온조는 고구려의 왕실에서 고구려 왕자로 자라났지만, 주몽의 친아들은 아니었습니다. 어머니 소서노는 주몽과 결혼하기 이전, 부여의 우태라는 왕자와 결혼을 해 비류와 온조를 낳은 뒤였습니다. 우태 왕자가 일찍 숨을 거둬 주몽과 다시 결혼한 것이었지요. 주몽은 소서노의 두 아들까지 친자식처럼 돌봐 주었고, 왕자로 자라나게 한 것이었습니다.

소서노도, 비류와 온조도 본능적으로 느꼈습니다. 이젠 자신들의 위치가 예전과 같지 않을 것임을. 얼마 뒤, 그 예상이 바로 맞아떨어졌습니다. 주몽이 유리를 태자로 책봉한 것입니다.

"20년 가까이 태자를 정하지 않은 것이 모두 유리 때문이었구나!"

비류도 온조도 서운한 마음을 누를 수가 없었습니다. 그동안 아버지처럼 믿고 따른 주몽에게 배신감마저 들었지요. 그런데 그런 주몽이 곧 숨을 거두고 말았습니다. 유리는 이제 태자가 아니라, 고구려의 왕이 되었지요.

그러자 온조가 말했습니다.

"유리는 우리를 눈엣가시로 여길 겁니다. 이 나라에 있다가는 형이나 저나 목숨을 부지하기 어려울지 몰라요."

비류도 고개를 끄덕였습니다.

"네 말이 맞다. 그러니 이 나라를 떠나자!"

얼마 뒤, 비류, 온조는 어머니 소서노와 함께 고구려를 떠났습니다. 그러자 많은 이들이 세 사람의 뒤를 따랐답니다. 그들은 남쪽으로 길을 잡았습니다. 그러다 한산의 부아악이라는 곳에 올라 주변을 두루 살폈습니다. 한 신하가 한강 남쪽의 너른 벌판을 가리켰습니다.

"저기를 보세요. 땅이 넓고 기름져 보이는 게 나라를 세우기에 알맞은 것 같습니다."

온조도 고개를 끄덕였습니다. 땅이 넓고 기름져 농사도 잘 되겠지만, 강을 끼고 있어 교통도 편리할 것 같았거든요. 또 산으로 둘러싸여, 적을 방어하는 데도 좋을 것 같았습니다. 그런데 비류는 고개를 저었습니다.

"바닷가 쪽으로 가야 합니다. 우리가 잘 하는 것은 농사가 아니라 교역이 아닙니까!"

몇몇이 고개를 끄덕였습니다. 비류의 말대로, 소서노의 가문은 장사로 잔뼈가 굵은 이들이었지요. 교역을 통해 세력을 키우는 방법을 누구보다도 잘 알고 있었습니다. 하지만 많은 신하들이 고개를 저었습니다.

"비류 왕자님 말씀이 일리가 있기는 합니다. 그러나 일단 이 많은 사람들이 안정적으로 먹고살며 거주할 곳이 먼저입니다. 그런 후에 교역을 생각해도 늦지 않습니다."

온조도 이를 옳게 여겼습니다.

"맞습니다, 형님. 먼저 안정된 곳에서 기반을 잡읍시다."

그러나 비류는 완강했습니다. 바닷가로 나아가야 한다고 고집을 꺾지 않았지요. 결국 비류와 온조는 헤어지기로 했습니다. 온조는 한강에 터전을 잡았고, 비류는 바닷가로 가, 미추홀이라는 곳에 자리를 잡았답니다. 온조는 나라 이름을 십제라고 지었습니다. '열 명의 신하들이 도와 세운 나라'라는 뜻이에요. 십제는 금세 안정되어 눈에 띄게 발전해 나갔답니다. 반면 비류와 미추홀의 사정은 좋지 않았습니다. 미추홀은 기후가 너무 습한 데다 농사지을 땅도 부족했기 때문입니다.

그러던 어느 날, 십제를 찾아왔던 비류는 마음의 병을 얻고 말았습니다. 십제의 백성들이 큰 걱정 없이 잘 살고 있는 것을 보자, 미추홀의 백성들에게 미안한 마음이 들었던 거예요. 그 마음은 곧 병이 되고 말았지요. 비류는 그 병으로 숨을 거두었습니다. 그러자 미추홀의 백성들이 십제로 몰려들었습니다.

"대왕 마마, 미추홀의 백성은 대왕님의 백성이옵니다. 그러니 저희를 받아 주시옵소서!"

온조는 기꺼운 마음으로 미추홀의 백성들을 받아들였습니다. 그들 역시 자신의 백성이었으니까요.

"이 많은 백성들이 나를 따르니, 이제 나라 이름을 백제로 바꾸겠노라."

이렇게 해서 백제란 나라가 우리 역사에 등장하게 되었답니다. 이때가 기원전 18년입니다.

역사 속 숨은 이야기

유리에게 밀려난 온조 형제와 백제의 건국

'굴러 온 돌이 박힌 돌 뺀다'는 속담을 온조의 백제 건국 이야기에 연결시켜 보세요. 누가 굴러 온 돌이고, 누가 박힌 돌인지 짐작이 가죠?

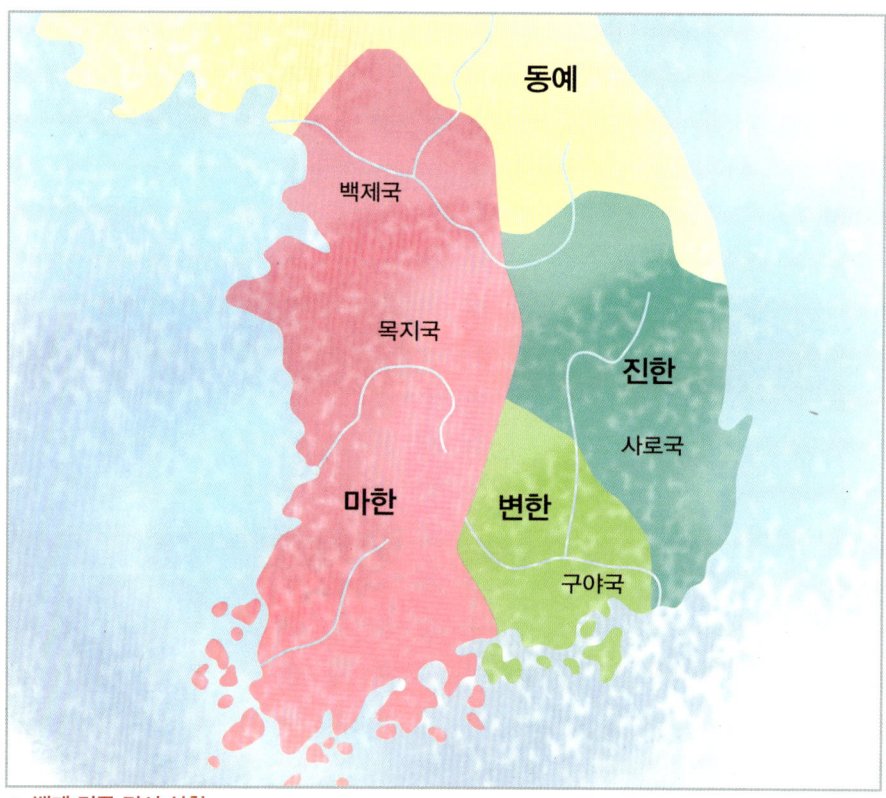

▲ 백제 건국 당시 삼한

백제는 마한을 이루던 54개의 작은 나라 가운데 하나로 출발했습니다. 그러나 점점 남쪽으로 세력을 넓혀, 마한 땅 전체의 주인이 되고, 고구려, 신라와 함께 우리 겨레의 역사를 이끌었지요.

온조와 비류는 20년 가까이 주몽의 아들로, 고구려의 왕자로 살았습니다. 누구라도, 둘 가운데 하나가 주몽의 뒤를 이을 거라고 생각할 수밖에 없었지요. 그런데 주몽의 진짜 아들이 등장했으니, 그때 온조 형제의 마음은 어땠겠습니까?

"아! 굴러 온 돌에 치여 밀려나네!"라는 마음 아니었을까요?

그러나 굴러온 돌에 치여 제자리에서 밀려 나온 결과는 나쁘지 않았습니다. 비록 비류는 비참하게 숨을 거두고 말았지만, 온조는 우리 역사에서 고구려, 신라와 삼국을 이룬 '백제'를 세운 주인공이 되었으니까요.

그런데 온조와 비류의 아버지에 대해서는 여러 가지 설이 있습니다. 위의 이야기처럼 부여의 왕자 우태의 아들이라는 이야기가 있는 반면, 주몽의 아들이라는 설도 있지요. 또 비류는 우태, 온조는 주몽의 아들이라는 이야기도 전해집니다. 그러나 무엇이 진실이든, 한 가지는 분명합니다. 온조는 백제의 뿌리를 고구려가 아닌 부여라고 선언했다는 점입니다. 그래서 온조는 부여의 시조인 동명왕에게 제사를 지냈지요. 백제의 26대 왕인 성왕(재위 523년~554년)은 나라 이름을 아예 남부여라고 할 정도였습니다. 한 마디로 백제는 남쪽의 부여란 것이지요.

남부여라고 할 만한 게, 만주에 있던 부여에 비해 백제의 위치는 한참 남쪽이었습니다. 그런데 백제가 자리를 잡은 한강 주변은 사실 '삼한'의 땅이었답니다. 삼한 가운데도 가장 강성했던 마한의 영역이었지요. 마한은 54개의 작은 나라들이 모인 나라였습니다. 이 나라들을 이끄는 나라는 '목지국'이었는데, 온조는 백제를 세우기 위해 목지국의 왕에게 허락을 받아야 했을 것입니다.

하지만 곧 백제의 힘은 점점 세졌습니다. 마한의 작은 나라들을 하나둘 손에 넣고는 목지국을 대신해 마한을 대표하는 나라로까지 성장하더니, 4세기 근초고왕(재위 346년~375년)에 이르러서는 마한의 모든 나라를 손에 넣었답니다.

목지국의 입장에서 보면, 백제라는 굴러 온 돌에 박힌 돌이었던 목지국이 치여, 결국 망하고 만 셈이 되는 건가요?

중국과 왜에도 영향력을 행사한 백제

백제를 세운 사람은 온조지만, 백제를 나라다운 나라로 성장시킨 것은 8번째 임금인 고이왕(재위 234년~286년)이었습니다. 고이왕은 먼저 관리들의 등급을 정하고 관리들이 입는 옷의 색을 지정했습니다. 당시는 등급이 높고 낮음에 상관없이 돈만 있으면 화려하고 좋은 옷을 입을 수 있었지요. 그러다 보니, 왕의 명령보다 돈이 있고 없음이 더 큰 힘을 가지는 것처럼 느껴졌습니다. 왕의 권한이 그만큼 미약했던 것입니다. 그런 때 고이왕이 관리의 등급을 정하고 그에 따라 입는 옷의 색까지 정함으로써, 무엇보다 왕의 명령이 더 중요하다는 생각을 하도록 만들었습니다. 왕의 권위를 세운 것이지요.

그 뒤, 백제는 빠르게 발전했습니다. 일단 백제의 땅은 평평한

◀ **백제의 전성기**
백제는 4세기 후반 근초고왕 때, 백제는 북으로는 황해도 지역, 남쪽으로는 전라남도 지역까지 아우르며 전성기를 누렸습니다. 또한 중국과 왜로도 진출해, 막강한 영향력을 행사했다고 하지요.

데다 기름져서 농사가 잘 되었지요. 또 서해로 나가면 중국이든 일본이든 어디로 갈 수 있어, 다른 나라들과 교류하고 장사를 하는 데도 이점이 있었습니다. 이 이점을 바탕으로 백제는 나날이 발전했습니다.

그리고 13대 임금인 근초고왕 때에 이르러 빛을 발했습니다. 근초고왕은 먼저 전라남도 지역에 남아 있던 마한의 세력을 완전히 손에 넣었습니다. 오늘날의 한강 주변부터 충청도, 전라도 지역을 완전히 지배하게 된 거예요. 근초고왕은 북쪽으로도 눈을 돌렸지요. 313년 고구려가 낙랑을 몰아내고 그 자리를 차지했는데, 근초고왕이 그 땅을 공격한 것입니다. 그 결과 근초고왕은 오늘날의 평양 지역까지 치고 올라갔고, 그 싸움에서 고구려의 왕을 전사시키는 큰 승리를 거두었습니다. 근초고왕은 여기에 그치지 않고, 중국의 요서와 산둥 지방, 그리고 일본으로까지 영향력을 확대했답니다.

그러나 백제의 이런 위세는 오래 가지 못했습니다. 근초고왕이 죽고 약 20년 뒤, 우리 역사상 최고의 정복 군주인 광개토 대왕과 그의 아들

◀ 왕과 왕비의 금제 관식
무령왕릉에서 발굴된 금으로 만든 장식품이에요. 왕과 왕비의 관에 꽂아, 왕과 왕비의 권위를 높여 주었을 거예요.

　장수왕이 고구려에 등장했기 때문이에요. 백제와의 싸움에서 왕을 잃었던 고구려는 백제를 맹렬하게 공격하지요. 결국 475년, 백제는 고구려에게 도읍인 한성을 빼앗기고, 개로왕(재위 455년~475년)이 고구려 군에게 목숨을 잃고 맙니다. 이로써 백제는 고구려에게 한강 유역을 빼앗기고, 도읍을 웅진(오늘날의 공주)로 옮기지요.
　왕의 죽음과 갑작스러운 천도로 백제는 혼란에 빠질 수밖에 없었습니다. 게다가 왕이 시해되는 사건까지 벌어지자, 나라가 더욱 뒤숭숭했지요. 하지만 25대 무령왕(재위 501년~523년)이 등장하면서 이 혼란이 수습되었습니다. 무령왕은 백성들을 보살피며 고구려의 공격에 대비하는 한편, 중국 및 왜와의 관계를 강화했습니다. 중국 남쪽의 양나라에 사신을 보내 돈독한 관계를 맺고, 왜와는 더욱 밀접한 관계를 유지한 거예요. 그 결과 백제는 고구려와 다시 맞붙을 만한 힘을 키울 수 있게 되었답니다.

네 번째 보따리
박혁거세, 신라를 세우다

호박이 넝쿨째로 굴러떨어졌다

호박은 넝쿨 식물인데,
호박이 넝쿨째로 굴러떨어졌다는 건
넝쿨에 달린 호박이 모두 딸려 왔다는 뜻이에요.
그래서 이 속담은 뜻밖의 행운을 만났을 때 쓰이지요.
우리 역사에도 뜻밖의 행운으로
큰일을 이루는 경우가 있었답니다.
그 이야기를 들어 보세요.

여섯 촌장과 박혁거세

옛날, 우리나라 남쪽 지방에는 마한과 변한, 그리고 진한이 있었습니다. 이 작은 나라들은 연합하여, 한 나라를 이루었습니다. 그 가운데 진한은 가장 동쪽에 자리했어요.

진한은 여섯 명의 촌장이 다스렸습니다. 양산촌의 알평, 고허촌의 소벌도리, 대수촌의 구례마, 진지촌의 지백호, 가리촌의 지타, 고야촌의 호진 이렇게 여섯 촌장이었지요.

어느 날, 촌장들이 알천의 높은 언덕 위에서 모임을 열기로 했습니다. 촌장들은 모두가 아들을 하나씩 앞세우고, 언덕 위로 모여들었지요.

모두가 모이자, 알평이 입을 열었습니다.

"우리가 이렇게 모인 것은, 앞으로 이 진한을 어떻게 이끌어 나갈 것인가를 결정하기 위함입니다."

알평의 말에 촌장들은 모두 한숨을 내쉬었습니다. 그들은 모두가 한 가지 때문에 고민이었습니다. 그것은 바로 백성들이 더 이상 자신들의 말을 듣지 않는다는 것이었지요. 그 때문에 나라가 제대로 돌아가지 않앉습니다. 한참만에 소벌도리가 입을 열었습니다.

"이렇게 가다가는 나라가 위태로워질 것입니다. 그러니 백성들 모두가 우러를 수 있는 분을 찾아, 왕으로 모셔야 합니다. 그런 왕이 이 나라를 다스린다면, 백성들도 틀림없이 달라지지 않겠습니까?"

알평을 비롯한 나머지 다섯 촌장들도 모두 고개를 끄덕였습니다. 그러나 여전히 얼굴은 어두웠습니다. 도대체 어디서, 어떻게, 왕으로 모실 인물을 찾아야 할지 알 수 없었으니까요.

"아! 하늘이 우리에게 왕을 내려 주시기를 바라는 것이 덧없는 일일까요?"

누군가의 탄식에 여기저기서 한숨이 흘러나왔습니다. 촌장들은 모두 한 마음으로 왕을 바라고 있었던 것입니다.

그런데 그때, 소벌도리가 소리쳤습니다.

"저, 저길 보십시오!"

남쪽 한곳에 번갯불 같은, 이상한 기운이 서려 있는 것이었습니다. 사람들은 너도 나도 일어나 목을 쭉 빼고 남쪽을 바라보았지요.

"저곳은 나정이라는 우물이 있는 곳입니다."

"그래요? 그런데 저 기운이 참으로 신령스러워 보이는구려!"

촌장들은 누가 먼저라 할 것도 없이, 나정으로 향하기 시작했습니다.

나정 주위는 환한 빛으로 둘러싸여 있었습니다. 그런데 간간히 이상한

소리가 들렸습니다. 사람들은 가만히 귀를 기울였지요.

"말 울음소리가 아닙니까?"

누군가 이렇게 말했을 때, 알평의 아들이 소리쳤습니다.

"저길 보세요! 백마입니다."

사람들의 눈길이 모두 백마에게 쏠렸습니다. 그런데 백마가 무릎이라도 꿇고 있는 것처럼 두 앞다리를 꿇고, 어딘가를 향해 꾸벅꾸벅 절을 하고 있는 것이었습니다. 사람들은 그때서야 보았습니다. 백마 앞에 놓인 커다란 자줏빛 알을요!

"저건……."

누구도 섣불리 입을 열지 못하고 있을 때, 백마가 다시 한 번 알을 향해 절을 하더니, 사람들을 보고 길게 울었습니다. 그러고는 하늘로 날아 올라갔습니다.

"보통 알이 아닌 게 틀림없습니다!"

소벌도리가 이렇게 말하며, 조심조심 알을 깼습니다. 그러자 쩌억 하는 소리와 함께 알이 갈라졌습니다.

"아! 하늘에서 우리에게 왕을 내려 주셨나 봅니다."

소벌도리는 이렇게 말하며 알에서 무언가를 번쩍 들어 올렸습니다. 그것은 사내아이였습니다! 참으로 아름답고 늠름한 아이였습니다. 목욕을 시키자, 아이는 몸에서 광채까지 뿜어냈습니다. 그 광채에 하늘의 해와 달까지 맑아지고 밝아지는 것만 같았습니다.

"하늘이 내린 이 아이가 온 세상을 밝게 비추려나 봅니다."

소벌도리의 말에 사람들도 모두 고개를 끄덕였지요. 그래서 사람들은 그 아이를 혁거세라고 불렀습니다. 혁거세란 '밝은 빛으로 세상을 다스린다'는 뜻이지요. 또 박처럼 생긴 알에서 태어났다고 하여, 성을 '박(朴)'으로 삼았답니다.

그런데 바로 그날, 사량리의 알영정이라는 우물가에서도 신비스러운 일이 일어났습니다. 계룡(닭의 머리를 가진 용)이 나타나, 옆구리에서 여자아이를 낳은 것입니다. 참으로 아리따운 아이였지요. 입술이 닭의 부리 같은 것이 흠이었지만, 목욕을 시키자 그 닭의 부리 같은 것도 떨어져 나갔답니다. 사람들은 그 아이가 태어난 알영정의 이름을 따, 아이를 알영이라고 불렀습니다.

진한의 사람들은 박혁거세와 알영을 잘 보살폈습니다. 그리고 박혁거세와 알영이 열세 살이 되자, 박혁거세를 왕으로 그리고 알영을 왕비로 삼았답니다. 그리고 나라 이름을 서라벌로 정했습니다. 이 나라가 바로 나중에 신라가 됩니다. 서라벌이 세워진 때가 기원전 57년이랍니다.

신라의 시조들

진한의 여섯 촌장들은 왕이 등장하기를 간절히 고대했습니다. 백성들이 자신들의 말을 잘 듣지 않았으니까요. 그런 때, 뜻밖의 행운처럼 박혁거세와 알영이 등장했지요. 박혁거세와 알영은 태어날 때부터 보통 사람과는 다른, 백성들이 왕과 왕비로 믿고 따를 만한 비범한 인물들이었습니다. 이런 인물들이 진한에 등장했을 때, 여섯 촌장의 마음은 어땠을까요? 왕과 왕비를 한꺼번에 얻었으니, 호박이 넝쿨째 굴러떨어진 듯 좋아하지 않았을까요?

박혁거세의 신화는 종종 고구려 주몽 신화와 비교되고는 합니다. 박혁거세나 주몽이나 모두 알에서 태어났기 때문이지요. 신라 사람들도 고구려 사람들처럼 자기 시조를 하늘과 연결시키려고 한 것입니다.

하지만 두 신화에는 큰 차이점이 있습니다. 고구려 건국 신화에는 왕비의 존재가 거의 부각되지 않잖아요? 하지만 신라의 건국 신화에서는 왕비 역시 신비한 인물로 묘사되고 있지요. 계룡이 옆구리로 낳은 아이라니요! 그것은 왕비의 세력이 왕의 세력만큼 대단했음을 의미하는 것입니다.

신라 건국 신화와 고구려 건국 신화가 다른 점은 또 있습니다. 주몽은 힘들게 나라를 세웠지만, 박혁거세는 여섯 촌장들이 왕으로 세웠다는 점입니다. 모두 알에서 태어났는데도요. 이런 차이는 주몽은 주변의 세력과 힘을 겨루고 싸우며 나라를 세웠는데 비해, 박혁거세는 주변의 추대를 통해 왕위에 올랐음을 알려 주는 것이지요.

그런데 박혁거세가 신라를 세운 지 약 100년 정도 되었을 때, 박 씨가 아닌 석 씨 성을 가진 사람이 왕이 되었습니다. **석탈해**라는 인물인데, 석탈해는 용성국이라는 나라의 왕자였지요. 하지만 알로 태어나는 바람에 왕에게 버림을 받고 여기저기를 떠돌다가 신라에 들어왔습니다. 박혁거세의 뒤를 이어 왕이 된 남해왕은 석탈해의 비범함을 알아보았지요. 남해왕의 석탈해를 사위로 삼았고, 석탈해는 그 뒤 신라의 4번째 왕인 탈해왕(재위 57년~80년)위에까지 오르게 된 것입니다.

신라는 이처럼 박 씨뿐만 아니라 석 씨도 왕이 되었습니다. 그 이후에는 김 씨가 왕위에 오르기도 했습니다.

석탈해가 왕위에 있을 때였지요. 계림이라는 숲에서 하얀 닭이 울어 그곳에 가 보았더니, 아이가 있었습니다. 사람들은 그 아이를 김알지라고 불렀는데 뒷날 그의 후손 **미추**가 신라의 열세 번째 왕인 미추왕(재위 262년~284년)이 되었습니다. 박 씨, 석 씨에 이어 김 씨까지 왕이 된 것입니다.

신라 초기, 이처럼 박 씨와 석 씨, 김 씨가 돌아가며 신라의 왕을 했답니다. 이 말은 세 집단 가운데 가장 힘이 센 집단에서 왕이 나왔다는 뜻입니다. 왕 자리가 아버지에서 아들에게 세습되는 게 아니었지요. 당연히 왕의 권한은 그다지 크지 못했습니다. 그래서 박혁거세는 진한의 말로 왕을 뜻하는 **거서간**으로 불렸지만, 2대 남해왕은 무당이라는 뜻의 **차차웅**이라고 불렸습니다. 3번째 임금부터는 **이사금**이라고 했지요. 이사금이란 단순히 '나이가 많은 사람'을 뜻한다고 합니다.

신라, 삼국의 하나로 서다

신라는 오늘날의 경주 지방을 중심으로 점차 세력을 확장해 나가기 시작했습니다. 왕권도 점점 세졌지요. 제17대 내물왕(재위 356년~402년) 대부터는 왕을 '우두머리'라는 뜻의 마립간이라고 부르기 시작했습니다. 그제야 신하들이 임금을 자신들의 우두머리로 인정하게 된 것이지요. 그때부터 왕위도 자연히 왕의 아들에게 세습되었습니다. 이로써 김알지의 후손인 김 씨들만이 신라의 왕위에 오를 수 있게 되었답니다.

그런데 당시 신라는 가야의 사주를 받아 쳐들어오는 왜구 때문에 걱정이 이만저만이 아니었습니다. 신라는 혼자 힘으로 이를 막아 낼 수가 없었거든요. 이 때문에 신라는 광개토 대왕이 이끄는 고구려에게 도움을 요청했지요. 광개토 대왕은 5만 명의 병사를 보내, 왜구를 모조리 몰아내 주었습니다. 그러나 공짜는 없는 법이었습니다. 고구려는 신라를 구해 준 대신 신라의 일에 일일이 간섭하려고 했습니다. 심지어 신라의 왕위 계승에까지 개입하려고 했지요.

하지만 이는 오히려 신라를 똘똘 뭉치게 하는 계기가 되었습니다. 고구려라는 거대한 적 앞에서 신라가 하나가 되었던 것입니다. 이로 인해 신라는 왕을 중심으로 뭉쳐져, 한층 더 발전할 수 있었답니다. 이를 보여 주는 것 중 하나가 22대 지증왕(재위 500년~514년)은 마립간이라는 칭호 대신 왕이라는 명칭을 정식으로 쓰게 된 것입니다. 그동안 서라벌, 사로, 계림

등으로 불리던 나라의 이름도 신라로 통일했고요. 신라란 '나날이 새로워져 사방을 모두 덮는다'는 뜻입니다.

지증왕의 뒤를 이은 법흥왕(재위 514년~540년)은 불교를 받아들였습니다. 불교는 이전부터 삼국에 들어와 뿌리를 내리고 있었습니다. 고구려와 백제는 이미 나라에서 절을 짓고 불교를 널리 알렸지요. 이는 불교를 통해 왕권을 강화하고, 백성들의 마음을 하나로 모으기 위함이었습니다. 그런데 유독 신라에서만 불교를 받아들이지 못하고 있었습니다. 귀족들의 반대가 극심했기 때문이지요. 이때, 이차돈이라는 젊은 신하가 나섰습니다. 이차돈은 자신의 목숨을 내놓아, 신라에 불교가 뿌리내리도록 했습니다.

이처럼 지증왕 때 왕권이 강화되고 법흥왕이 불교를 받아들임으로써, 신라는 한결 단단한 국가가 되었습니다. 그리고 신라의 24번째 임금으로 진흥왕(재위 540년~576년)이 등극합니다. 진흥왕은 신라 최고의 정복 왕이었습니다. 그는 남으로는 가야를 공격해 멸망시키고 북으로는 고구려를 파고들어 함경도까지 진출했습니다.

더 나아가 한반도의 중심인 한강 하류를 정복했지요. 이로써 신라는 백제나 고구려의 땅을 지나지 않고도 중국을 오갈 수 있게 되었습니다. 이제 중국의 앞선 문화를 마음껏 받아들일 수 있게 된 것이지요. 이로써 신라는 통일 이전, 최고의 전성기를 누리게 되었습니다.

◀ **삼국 통일 전 신라의 전성기**
진흥왕이 다스리던 시기, 신라는 최고의 전성기를 누렸습니다. 진흥왕은 새로이 정복한 땅에 비를 세워, 그곳이 신라의 영토임을 널리 알렸지요.

속담 한국사

다섯 번째 보따리
김수로와 가야

대한 7년 비 바라듯

대한(大旱)은 큰 大자에 가물 旱자를 씁니다.
대한은 큰 가뭄이라는 말인 거예요.
즉, 이 속담은 7년 동안 큰 가뭄이 들어
비가 오기를 바라는 것과 같은
간절한 마음을 나타낸답니다.
무엇을 기다렸는지, 그 이야기를 들어 볼까요?

거북아! 수로를 내놓아라

옛날 아주 오랜 옛날, 사람들은 곳곳에 모여 함께 살았습니다. 구지봉 주변에도 많은 이들이 살고 있었지요. 그런데 이곳에는 왕도 없었고 신하도 없었답니다. 그저 산과 들에 삼삼오오 모여서, 우물을 파고 밭을 갈며 살았지요. 아도간, 여도간, 피도간 등을 비롯한 아홉 명의 간들이 있어서, 사람들을 이끌었습니다.

그런데 어느 날, 이상한 소리가 들려왔답니다.

"누가 여기에 있느냐?"

사람들은 고개를 갸웃거리며, 이리저리 둘러보았지요. 그때 다시 목소리가 들렸습니다.

"아무도 없는 것이냐? 여기 누가 없는 것이야?"

누군가 구지봉을 가리켰습니다.

"저기입니다. 저기예요! 저 거북이 모양을 닮은 구지봉에서 나는 소리예요!"

아홉 명의 간들은 앞장 서서 구지봉으로 달려갔습니다. 그 뒤를 많은 이들이 따라나섰지요. 그러자 다시 목소리가 들려왔습니다. 바로 옆에서 말하는 것처럼 생생하게 말이에요.

"여기 누가 있느냐?"

아홉 명의 간은 엎드리며 대답했습니다.

"저희들이 있습니다!"

한참 동안 잠잠하던 목소리가 다시 들렸습니다.

"지금, 내가 있는 곳이 어디냐?"

"이곳은 구지봉입니다!"

사람들의 말에 목소리는 길게 숨을 내리쉬었습니다. 그러고는 낭랑한 목소리로 말했습니다.

"하늘에서 내게 이곳으로 내려가, 나라를 세워 임금이 되라 하셨다."

순간 사람들의 눈빛이 반짝였습니다. '드디어 하늘이 우리에게도 임금을 내려 주시는구나!' 하는 감격에 찬 눈빛이었지요.

그때 목소리가 말을 이었습니다.

"너희들은 나를 맞이하는 노래를 불러라. 이 구지봉 꼭대기 흙을 파면서, 노래를 불러라!"

목소리가 노래를 하나 알려 주었습니다.

"거북아, 거북아 머리를 내놓아라! 그렇지 않으면 잡아먹겠다!"

사람들은 곧 구지봉에 올라 목소리가 알려 준 대로, 흙을 파고 그

흙을 집으며 노래를 불렀습니다. 한 번 부르고 두 번 부르자, 노랫가락이 점점 빨라졌습니다. 저절로 어깨가 들썩이고 엉덩이가 씰룩댔지요. 아홉 명의 간들은 물론 늙은이부터 젊은이까지, 하나가 되어 노래를 하고 어깨춤을 추었습니다. 사람들의 노래와 몸짓에는 어느새 간절함이 담겨 있었습니다.

"거북아, 머리를 내놓아라!"

"거북아, 거북아, 머리를 내놓아라!"

그렇게 얼마나 시간이 지났을까? 한 사람이 하늘을 가리키며 큰 소리로 외쳤습니다.

"저기, 저 하늘을 보세요!"

모두의 눈이 그 사람이 가리키는 손가락 방향으로 향했습니다. 순간 모두의 입에서 흘러나오던 노랫가락이 멈추었습니다. 사람들은 하나둘 일어나 하늘을 우러러 보았습니다.

하늘에서 금빛으로 빛나는 무언가가 내려오고 있었습니다. 자주색 줄에 묶인 그것은 찬란하게 금빛을 뿜어내며, 천천히 구지봉으로 내려왔습니다. 그것은 붉은 보자기에 싸인 커다란 금합이었습니다.

아도간을 비롯한 아홉 명의 간들이 붉은 보자기를 풀었습니다. 그리고 조심스레 금합을 열어 보았어요.
"우아!"

사람들은 저도 모르게 눈을 가리며 주춤 물러섰습니다. 아침 바다에서 태양이 떠오를 때처럼, 찬란한 빛이 뿜어져 나왔기 때문이지요.

그때 아도간이 말했습니다.

"놀라지 마시오. 이것은 알이오!"

사람들은 그제야 금합 속에서 들여다보았습니다. 그 속에는 황금빛으로 빛나는 알이 여섯 개나 들어 있었습니다. 아도간이 무릎을 꿇고 절을 하자, 다른 간들도 허리를 구부려 절을 했습니다. 다른 이들도 누가 먼저라고 할 것 없이, 무릎을 꿇었지요. 모든 이들이 알을 향해 절을 하자, 아도간은 다시 금합을 보자기로 싸서 들었습니다. 그러고는 조심조심 자기 집으로 향했답니다.

구지봉에서 황금빛 알을 얻은 지 열이틀이 지난 날, 사람들은 다시 아도간의 집으로 몰려들었습니다. 이날은 금합을 열기로 한 날이었거든요. 아도간은 크게 한숨을 내쉰 뒤, 천천히 금합을 열었습니다. 그러자 금합 속에서 사내아이 여섯 명이 나타났습니다. 황금빛으로 빛나는 여섯 개의 알에서, 여섯 명의 아이가 태어난 것이죠. 아이들은 금합 속에서 걸어 나와 높은 곳에 앉았습니다. 그러고는 사람들을 굽어보았지요. 아홉 명의 간을 비롯한 사람들은 모두 허리를 굽혀 아이들에게 절을 올렸습니다.

아이들은 하루가 다르게 자라났습니다. 며칠 되지 않아, 웬만한 어른

보다 머리 하나는 더 크게 자라났지요. 얼굴은 모두 용의 얼굴처럼 위엄이 서려 있었습니다.

그리고 그달 보름날, 아이들 가운데 가장 큰 아이가 나라를 세우겠다고 선언했습니다.

"나라 이름을 가야국이라고 할 것이다!"

사람들은 이 아이를 수로라고 불렀습니다. 수로는 '맨 처음 세상에 났다'는 뜻입니다.

그러자 나머지 다섯 아이들도 각각 다섯 지방으로 가, 각각의 가야국의 임금이 되었습니다. 그래서 모두 여섯 개의 가야국이 생겨났지요. 이 여섯 개의 가야국이 바로 가야입니다.

하나가 아닌 여섯 나라, 가야

가야는 구지봉 주변의 사람들이 하늘에서 들려온 목소리가 일러 준 대로 노래를 부르며 맞이한 아이들이 세운 나라입니다. 그 노래를 구지가라고 하는데, 사람들은 간절한 마음으로 구지가를 불렀을 것입니다. '대한 7년 비 바라듯' 말이에요.

그런데 가야는 고구려나 백제, 신라와는 조금 다른 나라였습니다. 고구려와 백제, 신라는 한 사람이 나라를 세웠잖아요? 하지만 가야는 한꺼번에 6명의 시조가 하늘에서 내려와 6가야를 세웠습니다. 이는 가야가 다른 나라들과는 달리, 강력한 왕을 중심으로 하나의 나라로 발전한 것이 아니라, 6개의 작은 나라가 연맹을 하고, 그 가운데 가장 강한 나라가 그 연맹을 이끌어 가는 형태로 발전한 국가였음을 보여 주는 것입니다. 그리고 가장 큰 수로가 가장 먼저 나라를 세웠다는 것은 바로, 수로가 세운 가야가 다른 다섯 가야를 이끌었다는 뜻이지요.

수로가 가야를 세운 것은 42년이라고 합니다. 그런데 왕이 되자마자 수로는 큰 도전을 받았습니다. 그 도전자는 나중에 신라의 4번째 임금이 된 석탈해였습니다. 배에 실려 떠돌던 석탈해가 신라에 닿기 전에 가야에 닿은 거예요. 그래서 가야에 자리를 잡으려고 수로에게 도전장을 내밀었지요. 하지만 석탈해는 수로의 적수가 되지 못했습니다. 전해 지는 이야기에 따르면, 수로와 석탈해가 변신술로 겨루었는데, 석탈해가 참새로 변하면 수로는 새매로 변하고, 석탈해가 매로 변하면 수로가 독수리로 변했다고 합니다. 석탈해는 결국 수로를 이길 수 없음을 알고, 가야를 떠났다고 하지요.

　그 뒤 김수로는 아유타국의 허황옥 공주를 아내로 맞았습니다. 허황옥은 수로를 위해 하늘이 정한 왕비였지요. 허황옥은 수로가 가야를 다스리는 데 큰 도움이 되었습니다. 그래서 훗날 가야의 백성들은 수로와 허황옥을 각각 아버지와 어머니처럼 여겼다고 합니다.

가야의 성장과 멸망

가야가 성립된 곳은 삼한 가운데 변한 지역이었습니다. 변한 지역은 좋은 철이 생산되는 데다 바닷가에 인접해 있어서, 일찍부터 무역이 발달했습니다. 가야에서 난 철을 사려고, 한반도 북부는 물론 일본과 중국에서도 찾아왔기 때문입니다. 가야는 철 수출을 바탕으로 성장했습니다.

먼저 여섯 가야를 이끌었던 가야는 금관가야였습니다. 금관가야가 바로 수로가 세운 가야지요. 금관가야는 바다에 인접해 있어서 무역이 발달한 나라였습니다. 무역으로 돈을 벌었고, 이를 바탕으로 큰 힘을 가질 수 있었지요. 하지만 금관가야는 가야를 하나의 나라로 아우를 수는 없었습니다. 신라와 백제는 가야가 성장하는 것을 원치 않았기 때문입니다. 그래서 각각의 가야와 교류하면서, 가야가 하나의 나라로 성장하는 것을 방해한 것입니다.

그러다 금관가야는 결정적인 계기로 힘을 잃고 맙니다. 5세기 후반, 고구려의 광개토 대왕이 신라에 침입한 왜를 격퇴하러 군대를 보냈을 때, 고구려 군이 금관가야까지 쳐내려왔습니다. 그 바람에 큰 타격을 입은 금관

◀ 6가야
가야의 역사는 크게 전기와 중기로 나눌 수 있습니다. 전기 가야는 수로가 세운 금관가야가 이끌었고, 후기 가야는 대가야가 주축이었습니다.

가야는 더 이상 예전의 힘을 회복하지 못하고, 신라의 눈치를 보는 신세가 되고 말았지요. 그러다 결국 신라 법흥왕에게 항복합니다.

물론, 그렇다고 가야 전체가 신라에 항복한 것은 아니었습니다. 금관가야의 뒤를 이어 대가야가 가야를 이끌기 시작했습니다. 백제의 힘이 커질 때는 신라와, 신라의 힘이 커질 때는 백제와 친하게 지내며 세력을 키울 기회를 엿본 거예요. 하지만 결국 다른 가야들은 하나둘씩 신라에 무릎을 꿇었습니다. 그 가운데서도 대가야는 꿋꿋하게 버텼습니다. 그러다 신라 진흥왕 때, 이사부가 이끄는 신라 군에 철저하게 짓밟혀 멸망하고 말지요.

▲ 가야 기마인물형 토기
철갑을 두른 가야의 기마 병사 모습을 생생하게 보여 주는 토기예요. 이 토기는 제사를 지낼 때 쓰던 잔이었다고 해요. 국보 275호랍니다.

이처럼 가야는 하나의 나라로 발전하지 못하고, 여섯 개의 나라로 나뉜 채 역사 속으로 사라지고 말았습니다. 이 때문에 가야는 700여 년에 걸린 삼국 시대 중 500여 년 동안이나 우리 역사를 장식했지만, 역사는 그 시대를 고구려, 백제, 신라, 가야의 사국 시대가 아닌 고구려, 백제, 신라의 삼국 시대로 부르고 있습니다.

그런데 가야는 멸망한 뒤에도 삼국을 통일하는 데 큰 보탬이 되었습니다. 가야를 정복한 신라는 그만큼 영토가 넓어지고 백성들도 많아졌습니다.

▲ **신라 금관총 금제 관식**
국보 87호. 가야 금관과 신라 금관을 비교해 보세요.

이로써 신라는 통일 전쟁을 하는 데 필요한 군량미와 군사를 더 많이 얻을 수 있었지요. 또한 통일 전쟁에 필요한 많은 인재들도 얻을 수 있었습니다. 대표적인 인물이 바로 김유신입니다. 김유신은 금관가야 마지막 왕의 증손자예요. 그의 할아버지인 김무력은 금관가야의 마지막 왕자 가운데 하나였습니다. 하지만 신라의 장군이 되어, 진흥왕이 신라 영토를 넓히는 데 큰 공을 세우지요.

그리고 김무력의 손자인 김유신은 신라가 삼국을 통일하는 데 한 축이 됩니다. 김유신이 없는 삼국통일은 생각하기 힘들 정도잖아요?

가야의 예술 역시 신라 문화에 영향을 끼쳤다고 합니다. 대표적인 사람이 바로 가야금을 만든 우륵이지요. 우륵의 가르침으로 신라의 음악이 한 단계 성장했다고 할 만큼, 우륵은 대단한 음악가였다고 합니다.

여섯 번째 보따리
백제 성왕, 신라에 분노의 칼을 들다

송곳니가
방석니 된다

사람들이 분할 때는 이를 간다고 해요.
그런데 뿌득뿌득 이를 갈면 송곳처럼 뾰족한 송곳니가
방석처럼 평평한 방석니가 될 수 있을까요?
이 속담은 그저 '몹시 분하고 원통함'을
비유적으로 표현한 것이지요.
그런데 우리 역사에, 이 속담의 비유만큼 분하고
원통해했던 왕이 있었답니다.
바로 백제의 제26대 임금(523~554)인 성왕이에요.

분하고 원통하도다, 송곳니가 방석니 될 만큼!

551년의 어느 날이었습니다.

백제의 성왕은 한성 높은 곳에 올라, 흘러가는 한강을 바라보았습니다. 그러자 저도 모르게 눈시울이 뜨거워지기 시작했습니다.

'아! 몇 년만에 다시 밟는 땅이던가!'

왕이 된 순간, 아니 왕이 되기 이전부터, 성왕은 이 한강 하류(오늘날의 서울과 경기도 지역)를 소망했습니다. 온조 대왕이 백제를 세운 곳이 이 땅이었고, 근초고왕이 황제의 깃발을 펄럭이며 북쪽으로, 바다로 진군하라 명령했던 곳이 이 땅이었습니다. 한강 유역은 백제가 탄생하고 자라난 요람과도 같은 곳이었던 것입니다.

그런데 그런 땅을 고구려에게 빼앗기고 말았답니다. 그게 벌써 70여 년 전이었지요. 그동안 백제의 왕들은 한강 유역을 되찾기 위해 노력했지만, 모두 꿈만 같은 일이었습니다. 고구려를 상대로 싸울 만한 힘이 없었거든요. 그런데 마침내 성왕이 그 꿈을 이뤄 낸 것입니다.

하지만 성왕은 곧 마음을 다잡았습니다. 땅을 빼앗긴 고구려가 가만있을 리 없잖아요? 성왕은 먼저 신라의 진흥왕에게 연락했습니다.

"귀국의 도움으로 이렇게 옛 땅을 되찾게 되었습니다. 앞으로도 우리 두 나라가 힘을 합쳐 고구려와 맞선다면, 무엇이 두렵겠습니까!"

당시 백제와 신라는 사이가 좋았습니다. 백제가 고구려에게 한강 유역을 빼앗기자 신라도 위기를 느꼈지요. 고구려가 계속 남쪽으로 진격해 오면 신라도 무사할 수 없잖아요? 그래서 두 나라가 동맹을 맺고 고구려에 함께 맞섰던 것입니다. 이번 한강 유역을 되찾기 위한 전투에서도 두 나라는 서로 협력했지요.

"고구려를 함께 공격해서, 한강 하류 땅은 우리 백제가, 한강 상류(오늘날의 충청북도 충주 등지)는 신라가 차지합시다!"

이렇게 약속까지 했답니다. 그리고 그 약속을 지킨 것입니다.

그런데 2년 뒤, 성왕은 청천벽력과 같은 말을 들었답니다.

"대왕 마마, 신라에게 한성을 빼앗겼다 하옵니다!"

순간 성왕은 귀를 의심했습니다. 그것은 신라가 백제와의 동맹을 저버리고 백제군을 공격했다는 뜻이기 때문이지요. 그러나 그 말은 사실이었습니다.

사실 그동안, 신라 진흥왕은 성왕 몰래 고구려에 사신을 보냈습니다. 당시 고구려는 북쪽의 유목 민족과 싸우느라 남쪽을 돌아볼 겨를이 없었습니다. 신라는 이 사정을 알고 고구려에게 말했습니다. '백제가 차지한 한강 유역을 우리가 공격할 테니, 고구려는 상관하지 마시오.'라고요. 고구려는 이를 받아들였습니다. 그 일로 백제와 신라의 관계가 틀어지면 나중에 두 나라를 공격하기 쉬워지니까요. 이 때문에 신라 군이 백제를 기습적으로 공격할 수 있었던 것입니다.

믿었던 친구에게 뒤통수를 맞은 꼴이 되고 만 성왕은 분하고 원통해서 이를 부득부득 갈았습니다.

"내 기어코 신라 놈들을 몰아내고 말리라!"

성왕은 당장이라도 신라도 쳐들어가려고 했습니다. 그러나 많은 신하들이 신라와의 전쟁을 반대했습니다. 혹시라도 고구려가 남쪽으로 쳐내려오기라도 하면, 고구려와 신라의 공격을 동시에 받을 수도 있다는 것이었습니다.

그때, 부여창이 성왕에게 힘을 주었답니다. 부여창은 성왕의 뒤를 이어 백제의 왕이 될 태자였습니다.

"아버님, 제게 맡겨 주십시오. 제가 기어이 신라 놈들을 쳐부수고 배신의 대가를 치르게 하겠습니다."

부여창은 태자이자 성왕이 가장 믿는 장수이기도 했습니다. 그런 부여창의 말에 성왕은 마음을 굳혔지요.

554년, 성왕은 드디어 신라를 향해 칼을 빼 들었습니다. 부여창에게 군사를 주어 신라로 진군하게 한 것이지요.

부여창은 군사들을 이끌고 관산성(지금의 충청북도 옥천)으로 향했습니다. 그리고 용감하게 신라의 군대와 싸웠지요. 싸움 내내 한 치의 양보도 없는 치열한 공방전이 계속되었습니다. 성왕은 결국 자신이 나서기로 결심했습니다.

"나를 따르라! 부여창과 우리 군대를 도우러 가자!"

성왕은 병사들을 이끌고 서둘러 궁궐을 나섰습니다. 그를 따르는 병사는 50여 명의 기병뿐이었습니다. 하지만 수는 적어도 군사들은 다부졌습니다. 왕을 위해 목숨마저 내던지는 근위병들이었으니까요.

성왕은 고삐를 짧게 거머쥐고 말을 달렸습니다.

'신라 놈들에게 본때를 보여 주고 말리라!'

성왕의 마음속에는 이 한 가지밖에 없었습니다. 그 마음을 아는지 말도 앞만 바라보며 내달렸지요.

그런데 성왕과 그의 군사들이 한 골짜기를 지날 때였답니다. 화살 하나가 성왕의 어깨를 스치는 듯하더니, 갑자기 곳곳에서 불길을 치솟았습니다. 주위는 순식간에 대낮처럼 환해졌지요.

"매복이다! 적군이 매복해 있다!"

성왕이 이렇게 소리치는 순간, 화살이 빗발치기 시작했습니다. 그 화살에 성왕의 말이 고꾸라졌습니다. 그 바람에 성왕도 땅바닥으로 곤두

박질치고 말았지요. 그러자 성왕의 등에 화살이 소나기처럼 박혔습니다. 그를 따르던 기병 역시 성왕처럼 쓰러져 갔습니다.

성왕이 관산성으로 온다는 사실을 미리 신라 군이 알아냈던 것입니다. 그래서 김무력(김유신의 할아버지)이 이끄는 신라 군이 성왕이 오기를 기다리다. 화살 세례를 퍼부은 것이었지요.

성왕은 이렇듯 허무하게 세상을 떠나고 말았습니다.

진흥왕을 배신하게 만든 한강 유역

고구려에게 빼앗긴 땅을 되찾고자 했던 성왕은 그 소망을 이뤘지만, 신라 진흥왕의 배신으로 그 땅을 다시 빼앗기고 말죠. 이때 성왕의 심정은 어땠을까요? 송곳니가 어금니가 될 만큼 분한 마음이었을 것입니다. 그런데 목숨까지 잃고 말았으니, 성왕의 원통한 마음을 누가 짐작할 수 있을까요?

그런데 진흥왕은 왜 이렇게 굳이 100년 가까이 이어졌던 백제와의 동맹을 깬 걸까요? 진흥왕이 약속 따위는 신경 쓰지 않는, 신뢰할 수 없는 사람이었기 때문일까요?

그렇다고 볼 수는 없을 것입니다. 사실 나라와 나라의 동맹은 그 나라의 이익에 따라서 언제든지 깨고 다시 맺고 하는 것입니다. 그래서 이런 말도 있지요.

'외교 관계에서는 영원한 적도, 영원한 친구도 없다!'

그러니 진흥왕이 백제와의 동맹을 깼다고 믿을 수 없는 사람이라고 비난할 수는 없는 일입니다.

사실 신라의 입장에서 보면 진흥왕이 동맹을 깨고 한강 하류를 차지한 것은 정말 잘한 일이었습니다. 한강 하류는 백제뿐만 아니라, 고구려나 신라에게도 탐나는 땅이었습니다.

　지도를 펼쳐 놓고 보세요. 한강 하류는 한반도의 가운데 있습니다. 그러니 어디로든 뻗어 나가기가 쉽지요. 또 풍부한 한강의 물과 그 주변의 너른 평야는 농사가 잘되어 나라를 부강하게 이끌어가는 데 큰 도움이 되었습니다. 그뿐인가요? 한강에서 배를 타고 황해로 나가면 뱃길이 사방으로 뚫려 중국이든 일본이든, 어디든 갈 수 있었습니다. 이렇게 한강 하류는 지리적인 측면에서도 경제적인 측면에서도, 그리고 교통적인 측면에서도 가치 있는 땅이었습니다. 이 때문에 삼국이 모두 한강 유역을 차지하기 위해 싸웠지요. 고구려나 백제, 신라 모두 가장

강력했던 때는 바로 '한강 유역을 차지한 때'라고도 합니다.

그런데 신라에게 한강 유역의 땅은 특히 더 의미가 있었습니다. 당시 고구려나 백제, 신라는 모두 중국의 나라들과 교류하고 싶어 했습니다. 중국으로부터 발전된 문화를 받아들여야 나라를 더 발전시킬 수 있고, 중국과의 외교 관계를 통해서 상대를 견제할 수도 있었기 때문이에요.

그런데 지도에서 신라의 위치를 한 번 보세요. 한반도 동남쪽에 치우쳐 있잖아요? 그래서 신라는 중국과 교류를 하려면 울산이나 포항 근방에서 배를 타고 우리나라 남해를 지나 황해를 건너가야 했습니다. 이를 위해서는 백제의 눈치를 보지 않을 수 없었겠죠? 백제의 해안을 지나야 하니까요. 신라 사람들은 걸어서 중국으로 가기도 했습니다. 그런데 걸어서 가려면 반드시 고구려의 땅을 지나야 했습니다. 고구려의 허락을 받아야만 했던 거예요. 게다가 육지 길은 뱃길보다 고되고 오래 걸렸습니다.

이 때문에 신라가 한강 하류에 더 눈독을 들일 수밖에 없었던 거예요. 한강 하류를 차지하면 강을 타고 황해로 나가 중국을 편리하게 오갈 수 있으니까요! 따라서 진흥왕의 입장에서 보면, 신라가 한강 하류를 차지할 수 있는 다시없는 기회를 놓칠 수 없었던 것입니다.

실제로 100여 년 후, 신라가 한강을 차지한 진가가 나타납니다. 성왕이 관산성에서 숨을 거둔 뒤 약 100년 후, 신라의 김춘추(훗날의 태종 무열왕)는 한강을 통해 황해로 나간 뒤 중국 당나라로 건너가지요. 거기서 당나라의 태종과 신라가 백제를 치고, 당나라가 고구려를 치는 데 서로 돕기로 약속을 합니다. 이를 나·당 연합이라고 하지요. 만약 이때 신라가 한강 하류 땅을 가지고 있지 못했다면, 김춘추가 당나라로 가서 나·당 동맹을 맺는 것은 쉽지 않았을 것입니다.

▲ 진흥왕 순수비

한강 유역을 잃은 백제의 운명

어쨌든 백제는 70여 년 만에 다시 찾은 한강 유역을 다시 잃고 말았습니다. 한강 유역만 잃었나요? 왕도 잃었습니다! 어쨌든 성왕은 백제에게는 정말 특별한 왕이었답니다.

성왕의 마음속에는 언제나 근초고왕이 자리 잡고 있었습니다. 근초고왕이야말로 성왕이 본받아야 하는 우상이었지요. 백제를 최강의 나라로 이끌었던 근초고왕처럼 성왕도 백제를 다시 일으켜 세우고 싶었던 것입니다.

이 때문에 수도를 웅진성(지금의 충청남도 공주)에서 사비성(지금의 충청남도 부여)으로 옮겼습니다. 웅진성은 급하게 정한 수도라서, 여러 가지로 불편함이 많았거든요. 나라의 이름도 남부여로 고쳤습니다. 사실 백제는 부여를 계승한 나라였습니다. 그래서 왕들의 성도 부여 씨였지요. 성왕은 백제가 진정으로 부여를 계승했다는 것을 세상에 널리 알리고 싶었던 것입니다.

이처럼 성왕은 근초고왕처럼 백제를 발전시키고 백제의 뿌리를 찾으려는 왕이었습니다. 게다가 '지혜와 사물을 구별하는 능력이 뛰어나며 결단성이 있다'고 《삼국사기》에 기록될 정도로 뛰어난 인물이었지요. 그러니 백성들의 기대가 얼마나 컸겠습니까? 백성들은 성왕이 살아 있을 때부터 그를 성왕(聖王) 즉 거룩한 왕이라고 불렀을 정도로, 성왕을 존경하고 따

랐답니다.

그런 왕이 갑작스럽게 죽었으니 어땠을까요? 백성들은 믿고 따랐던 왕이 죽었다는 사실에 큰 충격을 받았고, 태자 부여창도 자신 때문에 아버지가 돌아가셨다는 죄책감에 빠졌습니다. 그 와중에 귀족들은 전쟁에 진 책임을 서로에게 물으며 다투고, 더 나아가 왕권을 둘러싼 싸움을 벌이기도 했지요. 성왕을 중심으로 탄탄했던 백제가 하루아침에 혼란 속으로 빠져든 것입니다.

그러나 약 50년 뒤, 무왕(재위 600년~641년)이 백제의 30대 임금이 되어 이러한 혼란을 수습합니다. 무왕은 흐트러진 민심을 바로잡고 나라를 안정시키지요.

그리고 그의 아들 의자가 왕위에 올랐습니다. 의자왕(재위 641년~660년)은 성왕의 원수를 갚기 위해 칼을 빼들었습니다. 신라와의 전쟁을 시작한 거예요. 의자왕은 신라를 거의 멸망 직전까지 밀어붙였답니다. 이 때문에 신라의 김춘추가 한강을 타고 황해를 건너, 당나라로 가게 되지요. 백제의 공격 때문에 나라가 망할 지경에 이르자, 당나라에게 도움을 요청한 것입니다.

그런데 의자왕은 이에 대한 대비를 제대로 하지 못했습니다. 초반의 거듭 되는 승리가 오히려 독이었던 것일까요? 신라 정도라면 언제, 어떤 조건에서든 이길 수 있다고 자만한 것이죠.

그래서 660년 백제는 결국 당나라와 연합한 신라에 무릎을 꿇고 맙니다. 700여 년에 걸쳐 부흥했던 백제의 역사가 막을 내린 것입니다.

일곱 번째 보따리
연개소문의 죽음과 고구려의 멸망

일가 싸움은 개싸움

'일가 싸움은 개싸움'이란
가족끼리 싸우는 것은 짐승만도 못한 일이다라는 의미예요.
일가 싸움은 사람으로서 할 짓이 아니라는 말이지요.
역사를 살펴보면 일가 싸움이 종종 일어나요.
그런 싸움은 대부분 권력을 얻기 위한 싸움이지요.
고구려에서도 그런 싸움이 일어났답니다.

연개소문의 죽음과 고구려의 멸망

661년 겨울, 고구려 군의 진영에는 정적만이 흐르고 있었습니다.

"방효태가 이끄는 10만 대군이 또 온대."

660년 신라와 함께 백제를 무너뜨리자마자, 당나라는 고구려로 칼끝을 돌렸습니다. 당나라의 수군은 서해를 건너 대동강을 거슬러 올라왔고, 육군은 압록강을 건너 남쪽으로 내려왔지요. 이들은 고구려의 평양성을 겹겹이 에워쌌습니다. 하지만 고구려는 이를 잘 막아 내고 있었답니다.

그러자 당나라가 지원병을 보냈습니다. 방효태로 하여금 10만 대군을 이끌고 고구려로 향하게 한 것입니다. 게다가 당나라 군사들을 지원하기 위해, 신라에서 김유신 이끄는 군대가 군량미를 싣고 온다고 했습니다. 그러니 고구려 군의 사기는 떨어질 수밖에 없었지요.

"강물도 모두 꽁꽁 얼어붙었어. 저 얼어붙은 강을 건너오는 것은 식은 죽 먹기일 텐데……."

연개소문도 그 소식을 들었습니다.

"내 갑옷과 칼을 가져오라."

연개소문의 말에 부하들이 고개를 저었습니다.

"아직 병중이십니다."

부하들의 말처럼 연개소문은 병이 들어 있었습니다. 20여 년 동안 고구려를 호령하던 실력자였지만, 세월을 당해 낼 수는 없었던 것입니다.

그러나 연개소문은 허연 수염을 쓸어내리며 다시 말했습니다.

"당장 갑옷과 칼을 내오거라. 당나라 놈들을 이 땅에서 모조리 쓸어버리리라."

연개소문이 직접 전쟁을 지휘한다는 소식이 퍼지자, 고구려의 병사들의 눈빛이 달라졌습니다.

"대막리지(고구려의 관직 이름)께서 직접 나오신다면, 분명 우리가 승리할 거야!"

군사들은 연개소문을 믿고 있었습니다. 지금까지 연개소문은 적과의 전투에서 단 한 번도 진 적이 없었거든요.

"글쎄, 아무리 대막리지라고 할지라도, 이번만은……."

고구려의 대신들 중 한편에서는 불안해 했습니다. 이전부터 평양성을 포위하고 있던 당나라 군대에, 김유신의 보급군, 그리고 방효태의 지원군까지……. 아무리 연개소문이라고 해도 이들을 모두 무찌를 수는 없다고 생각한 것이지요. 이를 안 연개소문은 이렇게 말했습니다.

"평양성을 포위하고 있는 당나라 군대는 그 수가 많지만, 오랜 전쟁으로

지쳐 있다. 김유신의 군대는 싸움을 목적으로 하는 군대가 아니다. 그들은 전쟁이 어떻게 돌아가는지 구경만 할 뿐이야. 그러니 방효태가 이끄는 군대만 무너뜨리면 된다. 그 군대가 무너지면 나머지 지친 군대는 겁을 먹고 도망칠 것이고, 구경꾼들은 제 나라로 돌아갈 것이다."

그제야 고구려 군은 자신감이 생겼습니다. 그러자 연개소문은 군사들을 이끌고 사수(평양 근처의 강줄기로 추측됨)로 나갔습니다. 사수도 꽁꽁 얼어붙어 있었습니다.

"방효태는 분명 저 얼음강을 건너 올 것이다. 우리는 저 강에서 적들을 무찌른다."

드디어 강 너머로 적군이 보이기 시작했습니다. 열세 명의 아들들을 앞세우고, 방효태는 기세등등하게 얼어붙은 사수를 건너기 시작했습니다. 지난 겨울에도 당나라 군은 얼어붙은 압록강을 건너, 평양성까지 내려올 수 있었지요. 방효태는 이를 떠올리며 더욱 자신만만했습니다.

그때 연개소문이 군사들에게 소리쳤습니다.

"발석거를 준비하라!"

발석거란 커다란 바위덩이를 멀리 던지는 무기입니다. 고구려 군은 발석거로 강을 건너는 적들을 향해, 커다란 바위를 쏘아대기 시작했습니다. 그러자 바위는 휘잉 소리를 내며 하늘을 날아가, 우지끈하며 꽁꽁 언 얼음 위로 떨어졌습니다. 그러자 쩍 하고, 얼음이 갈라지면서 풍덩풍덩

사람들이 강물로 빠져 들어갔습니다.

"후퇴하라! 후퇴하라!"

그제야 방효태가 소리쳤지만, 수많은 당나라의 군사들은 이미 깨진 얼음 사이에서 허우적대고 있었습니다. 겨우 강에서 빠져나온 당나라 군사들은 순식간에 얼어 갔고, 이를 지켜보았던 군사들은 겁에 질려 버렸지요. 그러자 연개소문이 소리쳤습니다.

"돌격하라! 당나라 놈들을 남김없이 베어라!"

고구려 군은 칼을 높이 치켜 올리며 사수로 달려갔습니다.

결과는 고구려 군의 대승이었습니다. 적장 방효태를 비롯한 그의 아들 열세 명이 모두 이 전쟁에서 목숨을 잃었을 정도였지요. 그리고 연개소문의 바람대로, 당나라 군은 곧 자기 나라로 철수하고 말았습니다.

전쟁이 끝나자, 연개소문은 다시 자리에 누웠습니다. 그러나 그는 자신의 목숨이 서서히 꺼져 가고 있음을 알았습니다. 연개소문은 아들들을 불렀습니다.

"내가 죽은 뒤 절대 형제끼리 싸우지 마라. 그것이 나라를 지키는 길이다."

연개소문은 이 말을 남기고 곧 숨을 거두었습니다.

그러나 연개소문의 아들들은 아버지의 유언을 지키지 않았답니다. 연개소문에게는 남생과 남건, 남산 이렇게 세 아들이 있었습니다. 장남 남생은 당연히 자신이 아버지의 뒤를 이으려고 했습니다. 그러자 동생 남건과 남산이 왕을 끼고, 남생을 역적으로 몰았습니다.

"천하의 짐승 같은 놈들!"

남생은 분한 마음에 부들부들 떨었습니다. 가만히 있다가는 동생들의 손에 역적으로 죽을 것이 뻔했지요. 남생은 당나라로 말을 달렸습니다.

당나라의 황제는 남생을 제 형제처럼 맞아 주었습니다. 연개소문이 죽었다는 소리에 다시 고구려를 칠 기회를 엿보고 있었는데, 남생이 항복해 왔으니 그보다 더 좋은 일이 없었던 것입니다.

당나라 황제는 곧 군사를 일으켰습니다. 이세적, 설인귀 등 쟁쟁한 장수들에게 50만 대군을 지휘하도록 하고, 남생을 길잡이로 앞세운 것입니다. 연개소문의 맏아들, 남생은 그 누구보다 고구려에 대해 잘 알고 있었지요. 어디에 보급품이 있고 어느 성에 군사들이 배치되어 있는지, 남생은 속속들이 꿰고 있었습니다. 그러니 싸움의 결과는 보지 않아도 뻔했습니다. 고구려 군은 당나라 군에게 연전연패할 수밖에 없었습니다. 평양성은 다시 포위되었지만, 이젠 연개소문도 이 세상 사람이 아니었습니다.

"내겐 싸울 힘이 없구려!"

왕은 나라의 기밀과 보물을 모두 태워 버리고, 평양성의 성문을 열고 말았습니다. 그 수많은 외침에도 굴하지 않고, 우리 겨레의 방파제가 되어 주었던 고구려는 이렇게 어이없이 무너지고 말았습니다.

수·당 전쟁과 고구려

'일가 싸움은 개싸움'이란 말이 떠오를 수밖에 없는 상황이지 않나요? 그렇게 많은 전쟁 속에서, 때로는 왕이 숨을 거두는 위기까지 겪으면서도 무너지지 않았던 고구려가, 연개소문 아들들의 분열로 하루아침에 무너지고 말다니! 이렇게 보면 가족의 싸움은 단순히 개처럼 싸우는 정도가 아니라, '일가 싸움은 망국'이라고 해야 할 것 같아요.

이처럼 고구려가 멸망한 것은 연개소문 아들들의 권력 다툼 때문이었습니다. 사실 연개소문이 살아 있을 때 권력 다툼 같은 일은 일어날 수 없었습니다. 연개소문이 모든 권력을 틀어쥐고 있었거든요.

6세기 후반부터 고구려는 전쟁이 하루도 끊일 날이 없었습니다. 581년 중국에 통일 왕조가 등장했습니다. 이 나라가 바로 수나라예요. 몇백 년 동안 여러 나라로 나뉘어 저희들끼리 다투던 중국이 하나로 통일되자, 수나라는 고구려로 눈을 돌렸습니다. 고구려에게 항복하라고 요구했지요. 고구려는 당연히 이 요구를 받아들이지 않았고, 그 결과 수나라와의 전쟁이 시작되었습니다. 그러나 잘 알다시피, 고구려는 을지문덕이 살수에서 대승을 거두는 등 수나라 군을 격퇴했지요. 수나라는 고구려 침략에 너무나 많은 힘을 쏟아부은 나머지 나라가 선 지 40년도 안 되어 멸망하고 말았습니다.

수나라의 멸망으로 잠시 분열되었던 중국은 다시 당나라로 통일됩니다. 중국 대륙을 통일한 당나라 역시 고구려에 눈길을 돌렸습니다. 하지만 당나라는 처음에는 고구려에게 그리 큰 요구를 하지는 않았습니다. 나라가 선 지 얼마 되지 않은 터라, 나라 안의 문제를 정리할 시간이

역사속
숨은
이야기

필요했거든요.

이 당시 점차 고구려 지배층이 둘로 나뉘고 있었습니다. 한편은 당나라와 친하게 지내고자 했습니다. 이를 대표하는 이가 고구려의 임금이었던 **영류왕**(재위 618년~642년)이었습니다. 영류왕은 수나라와 전쟁에서 큰 공을 세운 전쟁 영웅이기도 했는데, 그는 더 이상 전쟁을 원치 않았습니다. 수나라의 전쟁은 수나라뿐만 아니라 고구려의 국력도 갉아먹었으니까요. 이에 반해 당나라를 쳐야 한다고 주장하는 이들도 있었습니다. 이들은 당나라도 곧 수나라처럼 고구려를 손에 넣으려 할 것이 분명하다고 판단했습니다. 따라서 아직 나라를 정비하지 못했을 때 당나라를 먼저 치는 것이 상책이라고 여겼습니다. 이들을 대표하는 이가 바로 연개소문이었지요.

처음에는 영류왕의 뜻대로 당나라와 친하게 지내는 쪽으로 흘러갔습니다. 그런데 당나라의 내부 사정이 안정되자, 당나라가 드디어 이빨을 드러내기 시작했습니다. 이 때문에 영류왕 파와 연개소문 파의 대립도 커져갔지요. 그런 때, 영류왕 파는 연개소문을 제거하기로 마음먹었습니다. 연개소문을 그냥 두면, 결국 당나라와의 전쟁으로 갈 수밖에 없었으니까요. 그런데 연개소문이 이를 알게 되지요. 연개소문은 선수를 쳐, 영류왕을 따르는 귀족 100여 명을 모두 베어버렸습니다. 그리고 궁궐로 쳐들어가 영류왕까지 시해하고, 고구려의 마지막 임금인 보장왕(재위 642년~668년)을 왕으로 세웠지요. 하지만 모든 권력은 연개소문 자신이 가졌습니다.

이때부터 고구려는 다시 당나라와 전쟁을 치릅니다. 하지만 이번에도 고구려는 안시성에서 대승을 거두는 등 당나라를 막아 내지요.

그러나 이런 대응은 고구려가 하나로 똘똘 뭉쳤을 때만 가능했습니다. 연개소문이 숨을 거두고, 그 아들들이 권력 다툼을 하자마자, 고구려는 힘없이 무너지고 만 것입니다.

고구려 멸망, 그 후

668년 고구려가 멸망했습니다. 그러나 그것은 보장왕이 평양성 문을 열고 항복했을 뿐이었습니다. 수많은 고구려인들은 이것을 받아들일 수 없었지요. 비록 평양성은 적에게 빼앗겼지만, 수많은 성들은 아직도 고구려의 장수들과 백성들이 지키고 있었습니다. 그들은 고구려를 다시 일으켜 세우고자 했습니다. 이를 '고구려 부흥 운동'이라고 합니다.

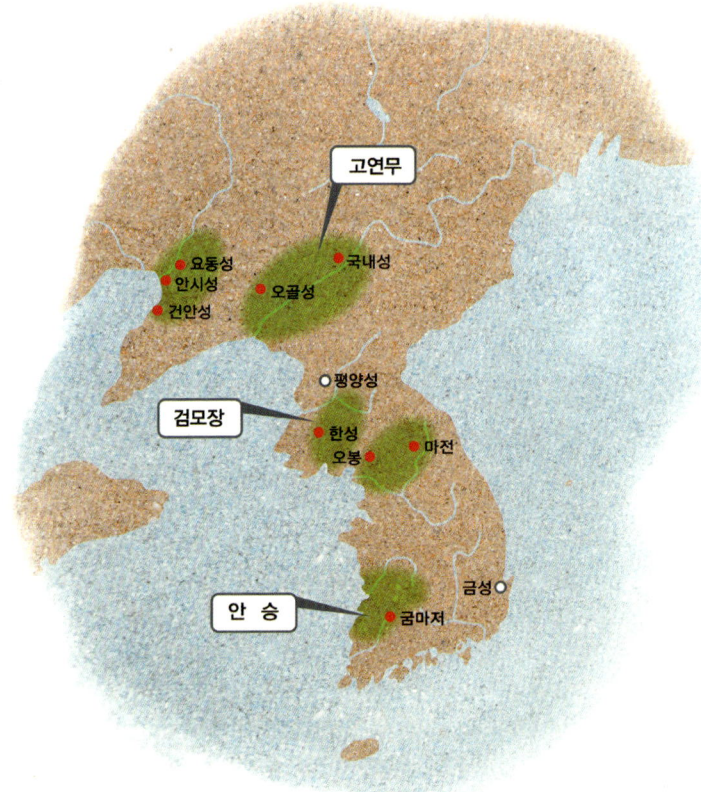

▲ **고구려와 백제의 부흥 운동**
고구려가 멸망한 뒤, 고구려의 검모잠, 안승 등이 '고구려 부흥 운동'을 일으켜요. 660년 백제가 멸망한 뒤에도 흑치상지, 복신 등이 백제를 다시 일으켜 세우기 위한 '백제 부흥 운동'을 주도하지요.

특히 검모잠은 보장왕의 서자인 안승을 왕으로 세우고 당나라와 싸웠습니다. 하지만 둘 사이에 다툼이 일어나, 안승은 검모잠을 죽이고 신라에 항복합니다.

그러나 압록강 이북의 많은 성들은 여전히 당나라와 싸우고 있었습니다. 압록강 이북에 있는 고구려 성 32개 중 당나라에 항복한 것은 고작 11개뿐이었습니다. 안시성, 요동성을 비롯한 압록강 이북의 성들은 서로 긴밀하게 협조하며 당나라와 맞섰지요. 그러자 당나라는 각 성마다 군대를 보내, 먼저 고구려 성끼리의 연락을 차단했습니다. 그런 다음 하나씩 성을 무너뜨렸지요. 이로서 압록강 이북 지역의 고구려 부흥 운동의 불씨도 사그라들고 말았습니다.

그래도 안심이 안 된 당나라는 압록강 이북 지역에 살았던 고구려 사람들을 당나라로 끌고 갔습니다. 이들이 제 근거지에 그대로 남아 있다가 또 다시 고구려가 부흥 운동을 일으킬까 두려웠던 것이지요. 그렇게 당나라로 끌려간 고구려 유민이 무려 2만 8천여 호에 달했습니다. 당시 고구려의 백성이 69만여 호였다고 하니, 100호 가운데 3호가 당나라로 끌려간 것입니다.

속담 한국사

여덟 번째 보따리
신라, 삼국을 통일하다

토끼 사냥이 끝나면 사냥개를 잡아먹는다

사냥을 할 때 사냥개는 꼭 필요한 존재지만
사냥이 끝난 뒤에는 필요가 없어지지요.
필요가 없게 된 사냥개로 뭘 하겠어요?
필요할 때는 사냥개를 요긴하게 쓰다가
쓸모가 없어지면 비참하게 버려지는 거예요.
우리나라에 역사에서도 이런 일이 일어날 뻔했지요.
어떤 상황인지 알아볼까요?

신라, 당나라를 몰아내다

670년, 신라 30대 임금인 문무왕(재위 661년~681년)은 중대한 결단을 내렸습니다.

"장군들은 지금 당장 군대를 이끌고 백제의 성들을 공격하라!"

순간 장군들은 두 주먹을 불끈 쥐었습니다.

"예, 마마! 당장 나가 저 극악무도한 당나라 놈들을 쳐부수겠습니다."

백제를 무너뜨린 지 10년이 지나지만, 당나라 군은 백제 땅에서 물러날 생각을 하지 않았습니다. 아니, 아예 제 나라 제 땅처럼 행세했지요. 따라서 백제의 성들을 공격하라는 것은 곧 백제 땅에 남아서 주인 행세를 하는 당나라 군을 몰아내라는 말이었습니다.

신라의 김품일, 죽지 등의 장군들은 신라 군을 이끌고 당나라 군을 공격했습니다. 그러자 당나라의 장수 설인귀가 편지를 보내 신라를 협박했습니다.

"신라는 백제의 공격으로 다 무너져 가는 나라였다. 그런 신라를 도운 것이 우리 당나라인데, 어찌 신라가 우리를 공격한단 말인가? 신라의 왕이 우리 황제 폐하의 은혜를 저버리고 날뛴다면, 반드시 제명에 죽지 못할 것이다."

편지를 읽는 문무왕의 손이 부들부들 떨렸습니다. 신하들도 가만있지 않았습니다.

"대왕 마마, 저를 보내 주십시오. 제가 나가 저 파렴치한 놈의 목을 베어 오겠사옵니다."

"그리하시옵소서. 설인귀를 그냥 두어서는 아니 되옵니다."

문무왕은 받은 편지를 구겨 버렸습니다. 그는 먼저 이렇게 답신을 써 보냈습니다.

"우리 신라와 당나라는 신라가 백제를 칠 때 당나라가 신라를 돕고, 당나라가 고구려를 칠 때 우리가 당나라를 돕기로 하였소. 그런 뒤 백제의 땅은 우리 신라가, 고구려의 땅은 당나라가 차지하는 것이 두 나라의 약속이었소. 그런데 백제와 고구려가 모두 무너진 뒤에도, 당나라 군은 백제 땅에서 물러나지 않고 있소이다. 이것은 어찌된 일이오?"

그런 뒤 문무왕은 본격적으로 당나라와의 전쟁 준비를 서둘렀습니다. 하지만 한편으로는 당나라에 사신을 보내는 등 외교 작전도 펼쳤지요. 당나라의 사정을 살핀 것입니다. 몸집이 큰 나라를 상대로 이기기 위해서는, 상대가 가장 약할 때를 기다렸다 공격하는 것이 제일이니까요.

675년, 문무왕은 드디어 총공격 명령을 내렸습니다.

"매소성(경기도 연천 지역에 있었던 것으로 추측되는 성)을 공격하라!"

매소성에는 당나라 군 20만 명이 주둔하고 있었습니다. 이근행이라는 장수가 이끄는 부대로, 막강한 전투력을 자랑했지요.

그러나 신라 군은 두려워하지 않고 매소성으로 향했습니다. 맨 앞은 궁수들이 섰습니다. 그 뒤는 **장창보병**이 받치고 있었고요. 장창보병이란 글자 그대로 긴 창을 든 보병을 말합니다. 장창보병의 뒤에는 도끼와 칼을 든 군사들이 따랐습니다.

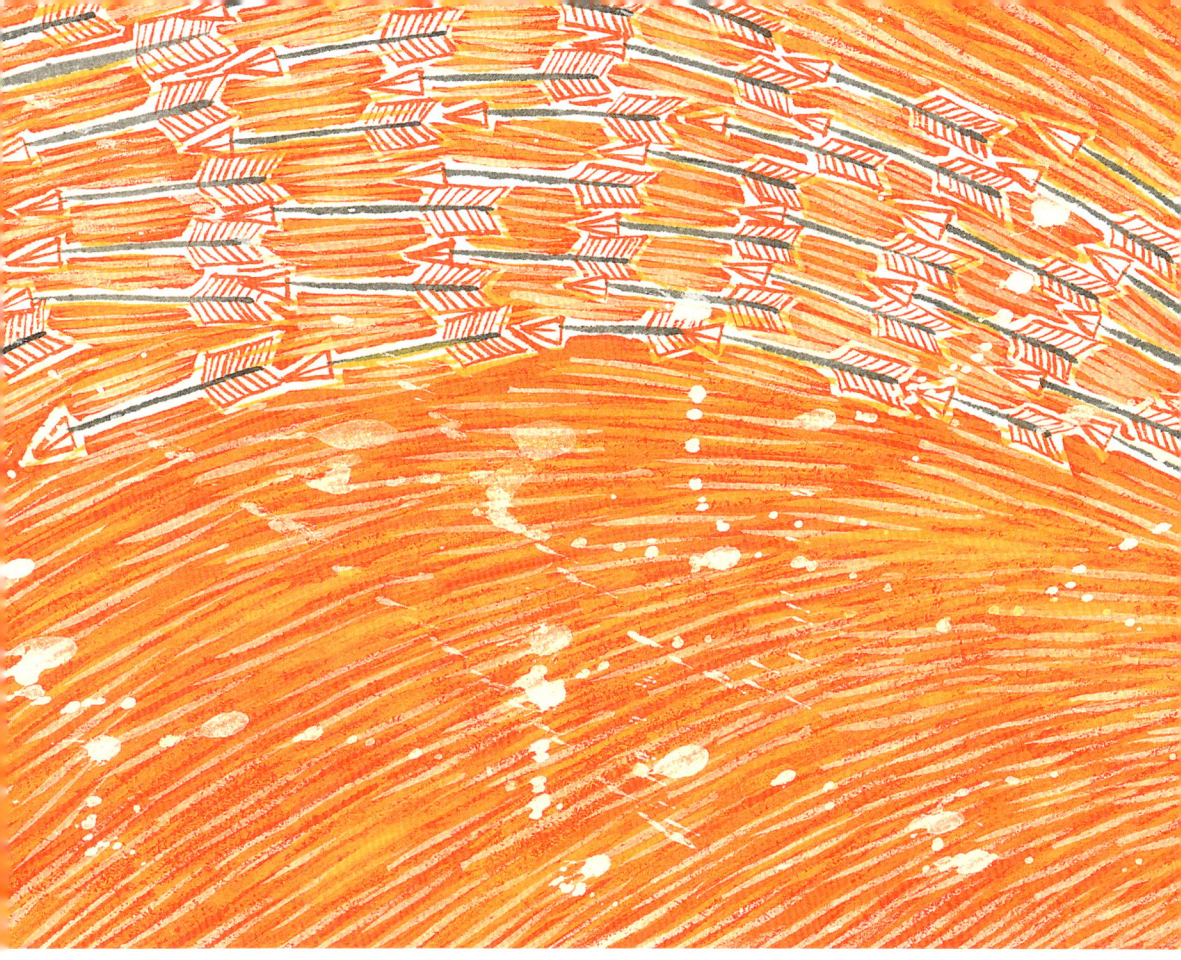

이를 본 이근행도 군사를 움직였습니다.

"고작 3만 명의 군사로 우리 20만 대군과 맞선다고?"

이근행은 자신만만했습니다. 보급이 끊겨서 굶주리기도 했지만, 그들은 어엿한 당나라의 주력 부대였습니다. 이근행은 기병들을 앞세우고 신라 군을 향해 달리기 시작했습니다.

당나라 군대를 본 신라의 궁수들이 활을 쏘았습니다. 소나기처럼 쏟아지는 화살 세례에 당나라 군사들은 하나둘 말에서 떨어졌지요. 하지만 당나라 군의 수는 어마어마했습니다. 앞줄이 쓰러지면 뒷줄이, 그 줄이 쓰러지면 그 뒷줄이 앞장을 섰습니다. 당나라 군대와 신라 군 사이의 간격은 점점 더 좁아지고 있었습니다.

그러자 궁수들이 뒤로 빠졌습니다. 장창부대가 맨 앞이 되었지요. 장창부대는 어른 키의 세 배가 넘는 기다란 창의 한쪽 끝을 땅바닥에 단단하게 고정시키고는 창끝을 사람 어깨 정도로 오도록 비스듬히 쳐들었습니다.

말을 타고 맹렬하게 달려들던 당나라 군사들은 그 기세 그대로 장창을 향해 달려드는 격이었습니다. 장창은 말들의 목과 가슴을 꿰뚫었지요. 말은 발버둥치며 쓰러졌고, 그 위에 타고 있던 기병들은 당연히 말에서 곤두박질쳤습니다. 하지만 그것이 문제가 아니었습니다. 앞에서 넘어진 말 때문에 뒤에서 달려오던 말이 걸려 넘어지기 시작했습니다. 더 뒤에서 달려오던 말들은 급히 멈추느라 타고 있던 사람을 내동댕이쳤습니다. 곧 좁은 공간에서 말과 사람이 뒤엉켜 난장판이 되었습니다.

그때 칼과 도끼를 든 신라 군이 그 난장판으로 뛰어들었습니다. 신라 군은 칼을 휘두르고 도끼로 내리찍으며 적을 무찔렀답니다. 싸움은 신라의 승리로 끝이 났지요. 3만 대군이 20만 대군을 맞서 이긴 대승리였습니다.

매소성의 승리로 신라 군은 승기를 잡았습니다. 반면 당나라 군의 사기는 땅으로 떨어졌지요. 그런 때 당나라의 수군이 기벌포(오늘날의 금강 하구)로 상륙하려고 했습니다. 이번에는 신라의 수군이 나섰습니다.

신라의 수군과 당나라의 수군은 기벌포 앞바다에서 22차례나 전투를 벌였습니다. 신라 군은 이 전투에서 4천여 당나라 군사들의 목을 베는 등 큰 승리를 거두었답니다. 이를 기벌포 전투라고 하지요.

매소성 전투에서 승기를 잡은 신라는 기벌포 전투에서도 승리해, 당나라에 완전한 승리를 거두었습니다. 결국 당나라는 제 나라로 후퇴하고 말았지요.

이로써 신라는 통일의 위업을 달성하여, 대동강 남쪽의 땅을 온전히 손에 넣을 수 있었답니다.

당나라의 엉큼한 속셈

　신라의 무열왕(태종 김춘추)과 당나라의 태종은 나·당연합을 맺었습니다. 그 내용은 신라와 당나라가 서로 도와 백제와 고구려를 무너뜨리고, 백제의 땅은 신라가, 고구려의 땅은 당나라가 갖는다는 것이었습니다. 사실 당나라는 처음에 신라의 이 제안을 거절했답니다. 신라처럼 작은 나라가 당나라에 도움이 될 리 없다고 여겼기 때문이지요.

　그런데 고구려에 연거푸 패하자 생각이 달라졌습니다. 고구려 후방에서 고구려를 쳐 주고, 군수 물자를 조달해 줄 수 있는 지원군이 있어야만 고구려를 무너뜨릴 수 있음을 깨달은 것입니다. 그래서 당나라는 한참만에야 신라의 연합 제안을 받아들였습니다.

　그런데 당나라는 엉큼한 속셈을 가지고 있었습니다. 먼저 백제를 무너뜨린 뒤, 고구려를 무너뜨리고 신라까지 손에 넣을 작정이었던 것입니다. 사냥이 끝난 뒤 사냥개를 잡아먹듯이, 고구려를 치는 데 신라를 실컷 이용한 뒤, 전쟁이 끝나면 신라까지 제 손에 넣으려고 했던 거지요. 그러나 신라는 이용만 당하고 잡아먹히는 사냥개가 아니었습니다.

　당나라는 백제를 무너뜨리자마자, 백제 땅에 **웅진도독부**를 세웠습니다. 도독이란 한 지방을 다스리는 관리의 명칭인데, 백제 땅을 웅진이

라는 하나의 지방으로 삼아 당나라의 관리인 도독을 보내 다스리게 한 것입니다. 이때 신라는 웅진도독부를 그냥 두고만 볼 수밖에 없었습니다. 백제의 의자왕은 항복했지만, 복신, 도침, 흑치상지 등이 백제 부흥

역사 속 숨은 이야기

운동을 일으켰기 때문이지요. 신라는 혼자 힘으로 백제 부흥군과 맞설 수 없다고 판단해, 당나라의 웅진도독부를 그냥 둔 것입니다.

그 뒤 668년, 고구려를 손에 넣은 당나라는 고구려 평양에 안동도호부를 세웠습니다. 더 나아가 신라 땅에는 **계림도독부**를 두었습니다. 고구려는 물론 신라까지, 당나라의 한 지방으로 편입 시켜 직접 다스리겠다는 시커먼 속셈을 노골적으로 드러낸 것입니다.

이에 신라의 문무왕은 더 이상 가만히 있을 수 없었습니다. 그대로 있다가는 고구려와 백제 땅은 물론 신라까지 몽땅 당나라에게 넘어갈 게 뻔했으니까요. 그래서 문무왕이 당나라와의 전면전을 결심한 것입니다.

본격적으로 전쟁을 벌이기 전, 문무왕은 고구려 부흥군을 신라 편으로 끌어들였습니다.

◀ **신라와 당나라의 전쟁**
당나라의 육군은 평양에서 남쪽으로 내려와 경주로 나아가려 했고, 수군은 기벌포에 상륙해 경주로 가려고 했습니다. 신라는 신라 군은 물론 고구려와 백제의 부흥군까지 끌어들여 당나라 군에 맞섰습니다. 그리고 신라 군은 매소성과 기벌포에서 당나라 군을 격파해, 당나라를 한반도에서 몰아내고 통일을 이루었습니다.

신라가 당나라를 적으로 여기는 것과 같이, 고구려 사람들도 당나라를 원수로 여기고 있었습니다. 자기 나라를 수도 없이 침략하고, 결국 멸망으로 이끈 나라니까요. 적의 적은 동지는 말이 있듯, 똑같이 당나라를 적으로 생각하는 고구려 부흥군과 신라 군의 연합은 순조로웠습니다. 이들은 힘을 합쳐 압록강 너머의 당나라 군을 치기도 했답니다.

백제 부흥군 역시 신라에 힘을 보탰습니다. 백제를 멸망시킨 뒤, 당나라는 의자왕 등 왕족과 귀족들, 백성 1만 2천 8백 7호를 당나라로 끌고 갔습니다. 백제가 멸망하던 당시 백제에 모두 76만 호가 있었다고 했으니, 100호의 가구 중 1~2호가 당나라로 끌려간 것입니다. 이 때문에 백제 사람들은 신라보다 당나라에 더 큰 적대감을 가지게 되었습니다. 게다가 백제 부흥운동을 하는 도중에도 계속 당나라 군과 싸우다 보니, 당나라에 대한 적대감은 나날이 커져갔지요.

이처럼 신라는 백제와 고구려의 유민들을 아울러 당나라 군과 맞서 싸웠습니다. 그리고 매소성, 기벌포에서 당나라 군을 크게 격파해, 당나라 군을 한반도에서 몰아내고, 통일 전쟁을 끝내지요. 이때가 676년입니다.

신라는 삼국을 통일한 것일까?

당나라를 무찌름으로써, 신라는 대동강에서 원산만 남쪽을 온전히 차지할 수 있었습니다. 비록 고구려 땅의 대부분을 손에 넣을 수는 없었고, 당나라를 끌어들였다는 비판을 받기도 하지만, 신라의 통일은 우리 민족에게 의미 있는 사건이었습니다.

신라 통일의 과정을 한번 돌이켜 생각해 보세요. 신라는 당나라를 끌어들여 백제를 무너뜨리고 당나라가 고구려를 무너뜨리는 데 힘을 보탭니다.

하지만 당나라와 맞설 때는 신라를 중심으로 백제와 고구려 유민들이 힘을 합쳐 함께 하지요. 이 과정을 통해 신라 사람과 백제 사람, 고구려 사람 들은 서로를 친숙하게 느꼈을 것입니다. 적어도 당나라나 말갈, 거란 사람들보다는 세 나라 사람들이 더 가까운 사이라고 생각하게 되었습니다.

또한 신라와 백제, 고구려 사람들이 '통일신라'라는 하나의 울타리에 살게 됨으로써, 이들의 문화 역시 하나로 어우러지기 시작했습니다. 신라의 귀족들은 수령이 되어 지방으로 내려가기도 했습니다. 이를 통해 신라의 문화가 백제와 고구려 옛 땅에 전해지고, 반대로 그 수령들을 통해 백제와 고구려 문화가 옛 신라 지역으로 전해지기도 했을 것입니다. 통일 신라 시대 최고의 걸작 가운데 하나인 불국사의 3층 석탑(석가탑)이 백제의

▲ 불국사 다보탑
신라의 불교 문화가 발달 되었음을 보여 주는 대표적인 유물입니다.

장인 아사달의 작품이라고 하니, 세 나라의 문화가 어떻게 융합되었는지 상상할 수 있겠죠?

이처럼 신라의 통일은 고구려, 백제, 신라의 사람과 문화를 하나로 묶어 준, 우리 역사에서 빼놓을 수 없는 중요한 사건 가운데 하나였습니다.

속담 한국사

아홉 번째 보따리
30년을 기다려 세운 발해

일각이 여삼추

'일각이 여삼추'를 글자 그대로 풀이하면
'15분 정도의 짧은 시간이 3년과 같다'는 뜻입니다.
이는 기다리는 마음이 아주 간절해서
아주 짧은 시간도 3년처럼 길게 느껴진다는 것을
비유한 것이지요.
우리 역사에도 이토록 무언가를 간절히 기다린 사람이 있습니다.
그가 무엇을 그토록 기다렸는지, 들어 보세요.

대조영, 발해를 세우다

대조영은 고구려의 후손이었습니다. 그러나 그는 고구려 땅이 아닌 당나라 영주에서 살고 있었습니다. 당나라가 고구려를 멸망시킨 뒤, 많은 고구려 사람들을 당나라로 끌고 왔기 때문이지요.

그러나 대조영은 고향 땅을 잊은 적이 한 번도 없었습니다. 고향 땅은 멀고도 멀었지만, 언젠가는 다시 돌아가겠다는 마음뿐이었습니다.

그러던 어느 날, 대조영은 반가운 소식을 들었습니다. 거란족의 움직임이 심상치 않다는 것이었지요. 거란족은 고구려 서북쪽 초원을 떠돌던 유목 민족으로, 당시 고구려 사람들과 함께 영주에 살고 있었습니다. 당나라에 눌려 지배를 받고 있었던 것이지요. 그런데 영주를 다스리던 당나라의 관리가 툭하면 거란족을 무시하고 깔보았습니다. 이 때문에 거란족의 불만이 거셌지요.

"거란 족장 이진충이 반란을 일으키려 한다는 소문이오."

대조영이 걸사비우에게 소식을 전했습니다. 걸사비우는 말갈족 한 부족의 우두머리였습니다. 걸사비우가 이끄는 말갈족은 예로부터 고구려 사람들과 형제처럼 지냈지요.

"나도 들었소."

걸사비우의 말에 대조영이 눈을 빛내며 말했습니다.

"영주를 벗어날 좋은 기회요."

걸사비우도 고개를 끄덕였습니다.

"그렇소. 우리도 움직입시다."

"알겠소. 조심하시오."

두 사람은 두 손을 굳게 마주 잡은 뒤 헤어졌습니다. 대조영의 가슴 속에는 커다란 잉어 한 마리가 뛰는 것 같았습니다.

'드디어, 드디어 때가 오는 것인가?'

대조영은 기다려 왔습니다. 고구려 유민을 이끌고 영주를 떠날 기회를! 그리하여 다시 고구려를 일으켜 세우는 것을! 하지만 당나라 군의 감시를 벗어날 수 없었습니다.

그러나 만약 거란족이 군사를 일으켜 준다면, 당나라의 모든 신경이 거란족에 쏠릴 수밖에 없었습니다. 그 틈을 이용한다면, 영주를 탈출할 수 있다는 생각에, 대조영의 가슴은 방망이질 쳤습니다.

대조영은 은밀하게 고구려 사람들을 하나둘 모았습니다. 그러고는 다시 기다렸습니다. 거란족이 당나라에 대항해 일어나기를……. 그 기다림이 어찌나 길고 긴지, 하루가 3년 같았습니다.

696년, 드디어 이진충이 난을 일으켰습니다. 당나라의 폭압이 계속되는 데다 흉년까지 들자, 거란족의 불만이 터져 버린 것입니다.

"당나라 놈들을 죽여라! 당나라를 몰아내자!"

곧 거란족과 당나라 군의 전투가 시작되었습니다.

그러자 대조영은 고구려 유민들에게 말했습니다.

"이제 우리가 고향으로 돌아갈 때다! 고구려의 후손들이여, 나를 따르라!"

　수많은 고구려 사람들이 대조영의 뒤를 따랐습니다. 걸사비우가 이끄는 말갈족도 함께 길을 나섰지요.

　그런데 뜻밖의 소식이 들려왔습니다.

　"장군, 거란족이 당나라 군에게 패하고, 이진충이 목숨을 잃었다고 하옵니다."

　대조영은 입이 말랐습니다. 거란족이 되도록 오래 버텨 주기만을 바랐는데, 이렇게 무너지다니……. 하지만 이미 벌어진 일이었습니다.

대조영은 말고삐를 더욱 움켜쥐었습니다. 걸사비우도 말갈족을 더욱 다그쳤지요.

"서둘러라! 당나라 군대가 곧 추격할 것이다."

예상대로, 당나라 군의 추격이 시작되었습니다. 당나라 군을 먼저 만난 것은 걸사비우가 이끄는 말갈족이었습니다. 이 전투에서 말갈족은 당나라 군에게 크게 패하고, 걸사비우마저 숨을 거두고 말았습니다. 지도자를 잃은 말갈족을 뿔뿔이 흩어졌지요.

이 소식을 들은 대조영은 두 주먹을 불끈 쥐었습니다. 대조영은 동쪽으로 가는 길을 재촉하는 한편, 걸사비우의 죽음으로 흩어진 말갈 무리들을 모아들였습니다. 그리고 천문령(현재 중국 길림성 합달령 부근으로 추정)에 닿자, 군사들을 돌려세웠습니다.

"적의 수가 많다고, 언제까지 쫓길 수만은 없다. 그러니 이곳에서 적을 섬멸하자! 다행히 이 고개는 한 명의 병사가 열 명의 적군을 당해 내고도 남을 천혜의 요새가 아니냐! 그러니 죽기로 싸워, 적들을 물리치자!"

대조영의 말에 군사들은 칼과 창을 꼭 거머쥐었습니다.

"싸우자! 더 이상 갈 곳도 없다!"

"대조영 만세! 당나라 놈들을 쳐부수자!"

대조영의 군사들은 곧 천문령 고개 위에 몸을 숨기고, 당나라 군이

들이닥치기를 기다렸습니다. 머지않아, 당나라 선봉대 수천 명이 밀려들기 시작했지요. 그러나 대조영은 기다렸습니다. 마지막 당나라 군사 하나가 고개 안쪽 깊숙이 들어올 때까지…….

드디어 공격을 알리는 불화살이 하늘로 날아올랐습니다. 고개 위에 숨어 있던 대조영의 군사들이 벌떡 일어나 화살을 쏘기 시작했지요. 갑작스런 기습에 당나라의 선봉대는 갈팡질팡했습니다.

결국 대조영은 천문령에서 큰 승리를 거두었고, 천문령에서 패배한 당나라 군은 더 이상 대조영을 뒤쫓을 생각을 하지 못했답니다.

당나라 군을 완전히 물리친 대조영은 곧 동모산(오늘날의 중국 길림성) 근처에 도읍을 정하고 나라를 세웠습니다. 이 나라가 바로 발해입니다.

고구려의 계승자 발해

　대조영이 발해를 세운 것은 698년은 고구려가 멸망한 지 꼭 30년 되던 해입니다. 이 30년 동안 대조영은 당나라에서 탈출해 고구려 땅으로 돌아갈 날만을 기다린 것이지요. 그 기다림의 세월이 얼마나 길고 지루했을까요? 하루하루가 3년처럼, 일각이 여삼추처럼 느껴졌을 것입니다. 하지만 대조영은 그 긴 기다림을 이겨 내고 영주를 탈출해 발해를 건국한 것입니다.

　당시 옛 고구려 땅의 동쪽에는 고구려 시대부터 살던 이들이 그대로 살고 있었습니다. 고구려가 멸망한 뒤, 고구려 유민들은 고구려를 다시 일으켜 세우기 위해 애썼지요. 평양성이 당나라에 함락되었다고, 고구려 모든 성들이 함락된 것은 아니니까요. 남은 고구려의 성들은 하나같이 당나라에 대항해 싸웠답니다. 이들의 항쟁이 얼마나 거셌던지, 당나라는 고구려 땅을 지배하기 위해 평양에 세웠던 안동도호부를 요동으로 옮길 수밖에 없었습니다. 게다가 당나라는 신라에게도 패했습니다. 결국 당나라는 고구려 땅에서도 물러나게 되지요. 이 때문에 대동강 이북에는 여전히 고구려 사람들이, 고구려 방식대로 살고 있었습니다.

　천문령 전투에서 승리한 대조영은 이들을 모두 하나로 규합했습니다. 그리고 나라를 세운 것이지요. 처음에는 나라 이름을 진(震)이라고 했다가, 발해로 고쳤습니다.

　발해는 누가 뭐래도 고구려를 계승한 나라였습니다. 발해를 세운 대조영은 고구려의 유민이었고, 이후 발해의 왕들은 자신을 '고구려의 국왕'이라고 밝혔지요. 발해의 유력 귀족들 가운데는 고구려의 왕족의 성인 고 씨가 있었고, 일본을 드나든 발해 사신들의 이름도 고구려식 이름이 많았습니다. 또 발해 유적지에서 발굴된 집터를 보면, 발해 사람들도 고구려 사람들처럼 구들을 사용했음을 알 수 있습니다.

남북국 시대 - 북쪽의 발해, 남쪽의 신라

　발해를 세운 대조영은 당나라를 견제하기 위해 돌궐과 외교 관계를 맺었습니다. 돌궐은 당나라 서쪽에서 주로 거주하는 유목 민족으로, 당나라에게는 골칫거리였기 때문입니다. 또 신라를 견제하기 위해 일본과도 친하게 지냈습니다.

　대조영의 뒤를 이어 왕위에 오른 무왕(재위 719년~737년)은 해군으로 당나라의 산둥반도를 공격하는 등 당나라와 크게 대립했습니다. 하지만 무왕의 뒤를 이은 문왕(재위 737년~793년) 대부터는 발해와 당나라의 관계는 좋아졌습니다. 문왕은 당나라의 앞선 문물과 제도를 받아들여, 나라를 발전시키는 데 힘을 쏟았습니다. 또 신라와의 관계도 발전시켜, 사절단을 주고받기도 했지요.

　그런 가운데 발해의 영토도 나날이 넓어졌습니다. 주변의 여러 유목 민족들을 하나씩 복속시켜, 고구려 때의 영토를 모두 회복했습니다. 서쪽으로는 오늘날의 러시아 연해주 지역까지 진출해, 영

◀ **발해의 영역**
발해는 5개의 서울 즉, 5경을 두고, 지방을 16부로 나누어 다스렸습니다.

토의 크기로만 보면 고구려의 영토를 능가할 정도였습니다.

국력이 나날이 발전하자, 당나라는 발해를 해동성국 즉 동쪽으로 번성한 나라라고 불렀답니다. 이때가 발해 최고의 전성기인 9대 선왕(재위 818년~830년)이 나라를 다스리던 때였습니다.

이처럼 발해는 고구려 이상의 국력을 자랑하며 동북아시아 강국으로 우뚝 섰습니다. 발해의 남쪽, 즉 대동강 이남에는 통일 신라가 화려한 문화를 꽃피우고 있었고요. 이렇게 북쪽에는 발해, 남쪽에는 신라가 존재했던 우리 역사의 시기를 '남북국 시대'라고 합니다.

그런데 통일 신라에 비해, 우리는 발해에 역사에 대해 많이 알지 못합니다. 발해의 영역이 대부분 중국이나 러시아의 땅이라서, 우리가 직접 찾아가 연구하기가 쉽지 않거든요. 근래 발해의 유적과 유물이 많이 발견되고 있지만, 아직도 발해의 역사는 의문투성이지요.

특히 발해가 어떻게, 어떤 이유로 멸망했는지는 수수께끼에 가깝습니다. 발해는 거란의 침입으로 3일 만에 무너졌다고 하거든요. 그토록 강성했던 나라가 어떻게 3일 만에 무너질 수 있었는지, 의문으로 가득합니다. 그래서 학자들은 발해가 내부적인 분열로 멸망한 것이 아닌가 추측하고 있습니다.

발해는 고구려를 계승한 나라였지만, 모든 백성이 고구려 유민은 아니었습니다. 지배층은 대부분 고구려인이었지만, 백성들 가운데는 말갈족이 많았지요. 이 때문에 강력한 지도력이 없을 때는 하나로 뭉치기가 쉽지 않았습니다. 그런 데다 지배층 사이에서도 분열이 일어났다면, 무너지기가 쉬웠을 것입니다. 발해가 멸망하기 직전 발해의 장군 약 500명이 고려로 망명해왔다고 하는데, 이것을 봐도 발해의 지배층 내에 분열이 있었음을 짐작할 수 있지요.

어쨌든 926년에 이르러 발해가 멸망했습니다. 이것으로 우리 겨레의 압록강과 두만강 이북 지역에 대한 지배도 끝이 나게 되지요. 그 뒤로 이 땅은 주로 여진족 등의 유목 민족과 중국의 세력 아래 들어갑니다. 우리 역사에서 발해의 멸망이 두고두고 아쉬운 건, 무엇보다도 이 점 때문이지요.

열 번째 보따리
장보고와 청해진

한 달이 크면
한 달이 작다

달력을 한 번 보세요.
1월은 31일까지 있고 2월은 28일 혹은 29일까지 있어요.
날짜가 많은 달을 큰 달, 날짜가 적은 달은 작은 달이라고 하지요.
이처럼 달은 한 달이 크고 한 달이 작아요.
'한 달이 크면 한 달이 작다'는 속담은 바로 세상일은
좋은 일과 나쁜 일이 돌고 돈다는 뜻을 나타내고 있어요.
우리 역사 속 인물 가운데도 이 속담의 의미처럼
밑바닥에서 시작해 최고의 지위에 올랐다가
허망하게 세상을 떠난 인물들이 있어요.
그 대표적인 인물을 만나 보아요.

궁복, 장보고가 되다

당나라의 한 항구에 허름한 옷차림의 신라 소년 하나가 내려섰습니다.
"야, 드디어 왔어! 드디어 당나라로 왔어!"
소년의 이름은 궁복이었습니다. 궁복의 고향은 청해(지금의 전라남도 해남 지역)였습니다. 그는 가난한 데다 신분마저 미천했지요. 굶기를 밥 먹듯 해도, 길을 가다 쓰러져 죽어도, 누구 하나 안타까워하지 않을 정도였습니다. 그렇기 때문에 아무리 재주가 뛰어나도, 출세에 대한 꿈을 가질 수 없었습니다. 신라는 철저한 신분제 사회라, 신분에 따라 할 수 있는 일이 정해져 있었거든요. 그래서 궁복은 결심했습니다. 당나라로 건너가기로요. 당나라에서는 신분에 상관없이, 능력만 있으면 출세할 수 있다고 들었거든요.

당나라에서 자리를 잡은 궁복은 곧 당나라 군대에 들어가기로 마음먹었습니다. 궁복은 활쏘기의 명수였고, 말을 타고 창을 쓰는 재주는 따를 자가 없었습니다. 게다가 당시 당나라는 나라 안이 어수선해 여기저기서 반란이 일어났기 때문에 군인이 많이 필요했지요. 궁복은 물 만

난 고기처럼, 마음껏 자신의 재주를 뽐냈습니다. 그 덕에 빠르게 승진도 할 수 있었지요.

그러나 궁복은 군대를 나오기로 결심했습니다.

"언제까지나 싸우면서 살 수는 없는 일이야."

군대를 나온 궁복은 장사를 시작했습니다. 당시 당나라에는 신라 장사꾼이 많았지요. 궁복처럼 가난과 신분의 굴레에서 벗어나고자 했던 이들이 대부분이었습니다. 궁복도 이들 가운데 하나가 되어 당나라 곳곳을 누비며 장사를 했습니다.

궁복은 타고난 장사꾼이었습니다. 어떤 품목을 어디에 팔아야 가장 큰 이문이 남을지를 귀신같이 알았습니다. 또 사람의 마음을 헤아리는 재주가 뛰어나, 흥정도 잘했습니다. 궁복은 상인으로서도 빠르게 성장할 수 있었습니다. 그래서 그는 궁복이라는 이름을 버리고 장보고(張保皐)라는 이름을 썼습니다. 장보고의 이름은 당나라 곳곳에 널리 알려졌습니다.

장보고는 수많은 신라 상인들 가운데 하나였지만, 다른 상인들과 달랐습니다. 상인들은 서로서로 경쟁하는 사이였습니다. 같은 신라 상인이라고 해도 마찬가지였지요. 그러나 장보고는 달랐습니다. 신라 상인이라면 무조건 도와주고, 신라 상인들끼리는 서로서로 돕게 했습니다. 그렇게 신라 상인들이 자기들끼리 똘똘 뭉쳐 다른 상인들을 상대하자, 신라

상인들의 힘이 점점 세졌습니다. 다른 상인들은 상대가 되지 않았습니다.

장보고는 그 신라 상인들의 가장 높은 곳에 우뚝 서게 되었습니다. 일본에서는 장보고의 보고를 보물 보(寶)자에 높을 고(高)자를 써, '보물을 많이 획득했다'는 의미로 불렀을 정도로, 장보고는 큰 부를 쌓았습니다. 신라의 구석진 바닷가 출신의 미천한 소년 궁복이 거상 장보고가 된 것입니다.

828년, 장보고는 마침내 신라의 도읍 서라벌을 찾았습니다. 그는 신라의 42대 왕인 흥덕왕(재위 826년~836년)을 만나 이렇게 말했답니다.

"소신 장보고, 대왕께 한 가지 청이 있어 이렇게 왔사옵니다."

"장보고는 당나라 황제도 부럽지 않다고 들었는데……. 허허, 내게 부탁할 일이 무엇이오?"

흥덕왕의 말에 장보고는 간곡하게 대답했습니다.

"제가 당나라에 있으면서 노예들을 많이 보았습니다. 그 가운데는 우리 신라인들도 많았는데, 그들을 볼 때마다 제 형제가 팔려 가는 것처럼 마음이 아팠습니다. 제가 아무리 큰돈을 벌었다고 한들, 그들을 모두 구해 줄 수 있겠습니까? 그래서 제가 우리 신라인들을 노예로 잡아다 파는 해적들을 소탕하고자 하옵니다."

흥덕왕은 고개를 끄덕였습니다.

"해적들의 극성이 심하다는 것은 나도 익히 들어 알고 있소. 그런데 내게 무엇을 도와달라는 말이오?"

"대왕 마마, 제게 청해에 진을 세울 수 있도록 허락해 주시옵소서. 청해는 해적들이 드나드는 길목에 있어 해적들을 감시하고 소탕하기에 알맞은 곳이옵니다. 제가 그곳에서 군대를 양성해 해적들을 소탕하겠나이다!"

흥덕왕은 생각에 잠겼습니다. 과연 장보고라는 자에게 땅을 주고 군사를 양성하게 하는 것이 자신에게 유리한지 불리한지 따져 본 것이지요. 일단 골칫거리인 해적을 소탕해 준다니, 그것은 다시 생각할 필요도 없이 고마운 일이었습니다. 군대를 기른다는 것도 나쁘지만은 않았습니다.

'장보고의 군대를 잘만 이용한다면……'

당시 신라는 왕위 다툼으로 어지러울 때였습니다. 이럴 때 장보고가 군대를 기르고 그 군대를 자신 편으로 만들 수만 있다면 큰 힘이 될 것이었습니다. 그래서 흥덕왕은 장보고의 청을 흔쾌히 받아들였습니다.

"좋소. 청해에 진을 설치하고, 해적을 소탕하도록 하시오!"

흥덕왕의 허락을 받은 장보고는 곧 청해로 내려가 진을 설치했습니다. 그리고 그곳에서 1만 명의 군대를 길렀습니다.

장보고는 이들을 이끌고 바다로 나아갔습니다. 바다를 오가며 상인들의 배를 노리는 해적을 소탕하고 해적들의 근거지를 파괴했지요. 또 청해진의 군사들을 상인들의 배에 태워, 상인들을 보호했습니다.

  이로써 장보고는 당나라와 신라, 그리고 일본을 오가는 뱃길을 완전히 손에 넣게 되었습니다. 신라의 삭은 바닷가 마을의 가난하고 미천했던 소년 궁복은 이제 당나라와 신라, 일본을 손에 쥔 거상이자 바닷길을 지배하는 제왕이 된 것입니다.

장보고, 청해진에 지다

정말 대단한 변신이지요? 궁복이라는 소년이 당나라와 신라, 일본의 교역을 호령하는 국제적인 인물로 성장할 줄 누가 알았을까요? 장보고는 이렇게 당나라에서 상인으로 크게 성공해 신라로 돌아와 청해진을 설치하고, 청해진 대사가 되었습니다.

그러나 한 달이 크면 한 달은 작다고 했지요?

청해진 대사로서, 바닷길을 평정한 장보고는 당연히 신라 사회에서도 중요한 인물이 되었습니다. 그런데 당시 신라의 귀족들은 왕의 자리를 두고 다툼을 벌이곤 했습니다.

836년 흥덕왕이 자기 뒤를 이을 왕자를 정하지 않은 채 몸져눕자, 또다시 왕위 다툼이 벌어졌지요. 신라의 도읍 서라벌은 피로 물들었고, 여기서 패한 김우징이라는 자가 장보고에게 도망쳐왔습니다. 김우징은 장보고에게 군사를 청했습니다. 청해진의 군사를 이용해 왕위에 앉으면, 장보고의 딸을 아내로 맞겠다고 했지요. 장보고는 김우징의 제안을 받아들였습니다. 당나라 황제가 부럽지 않을 정도라고 불렸고, 일본에서도 추앙받는 그였지만, 신라에서는 여전히 '바닷가 마을의 비천한 출신 궁복'의 꼬리표가 붙어 다녔기 때문입니다. 장보고는 김우징의 제안을

그 꼬리표도 떼어 낼 좋은 기회로 여겼습니다.

김우징은 장보고의 도움으로 왕위에 오를 수 있었습니다. 그가 바로 신라의 45대 임금인 **신무왕**입니다. 그러나 신무왕은 왕위에 오른 지 얼마 안 되어 숨을 거두고 맙니다. 그 자리를 그의 아들 **문성왕**(재위 839년~857년)이 이었지요. 문성왕은 아버지의 약속을 자신이 지키고자 했습니다. 왕위를 두고 다투는 때, 장보고 같은 이를 장인으로 두면 그만큼 든든할 테니까요.

그런데 귀족들이 이를 반대하고 나섰습니다. 귀족들은 문성왕이 장보고의 사위가 되면, 문성왕의 힘이 커질 것을 염려했던 것입니다. 귀족들은 왕비는 왕족 가운데서 정하는 법이라며, 장보고의 딸이 왕비가 되는 것을 막았습니다. 이를 안 장보고는 몹시 화가 났습니다. 귀족들이 자신을 미천한 신분이라 업신여기는 것만 같았으니까요.

그러자 문성왕은 불안해지기 시작했습니다. 약속을 지키지 않았다고, 장보고가 청해진의 군사를 이끌고 쳐들어올까 걱정이 되었던 것입니다. 결국 문성왕은 장보고를 제거하기로 결심했습니다. 그래서 염장이라는 자를 청해진으로 보내, 장보고를 암살하게 했지요.

청해진에서 태어나 해상왕으로 우뚝 섰던 장보고는, 이처럼 청해진에

서 자객의 손에 숨을 거두고 말았답니다. 한 달이 크면 한 달이 작다는 속담처럼, 누구보다 화려한 시절을 보냈던 장보고도 허망하게 세상을 떠나고 만 것입니다. 이때가 846년입니다.

해상 왕 장보고

장보고의 인생을 '한 달이 크면 한 달이 작다.'는 속담에 비유했지만, 그렇다고 장보고의 업적마저 그렇게 비유할 수 있는 건 아닙니다. 장보고는 그 당시, 누구도 상상하지 못한 일을 해낸 사람이니까요.

장보고를 흔히들 해상 왕이라고 부릅니다. 당나라와 신라, 일본을 잇는 바닷길을 장악했기 때문이지요. 그런데 장보고가 장악한 이 바닷길은 당시 전 세계 무역로의 일부였습니다.

고대로부터 동서양은 교류를 했습니다. 이 교역로를 보통 실크로드라고 부르지요. 장보고는 이 길 가운데 바닷길의 맨 동쪽 길, 즉 중국에서 한반도, 그리고 일본을 잇는 길을 장악했습니다.

장보고는 아라비아 상인들을 통해 중국으로 실려 온 유럽과 아라비아, 그리고 동남아시아의 상품들을 중국과 한반도와 일본으로 유통시켰습니다. 반대로 일본과 한반도, 중국에서 난 생산물을 아라비아 상인들의 배편에 실어, 아라비아와 유럽까지 보냈지요. 특히 인기가 높았던 것이 도자기였습니다. 당나라 월주 지방에서 생산된 도자기는 유럽에서 손꼽히는 명품이었지요.

장보고와 아라비아의 상인들이 물자를 실어 나름으로써 동양과 서양의 무역이 순조롭게 이뤄질 수 있었습니다. 장보고는 당시 세계 무역의 한 축을 담당한 주인공이었던 것입니다.

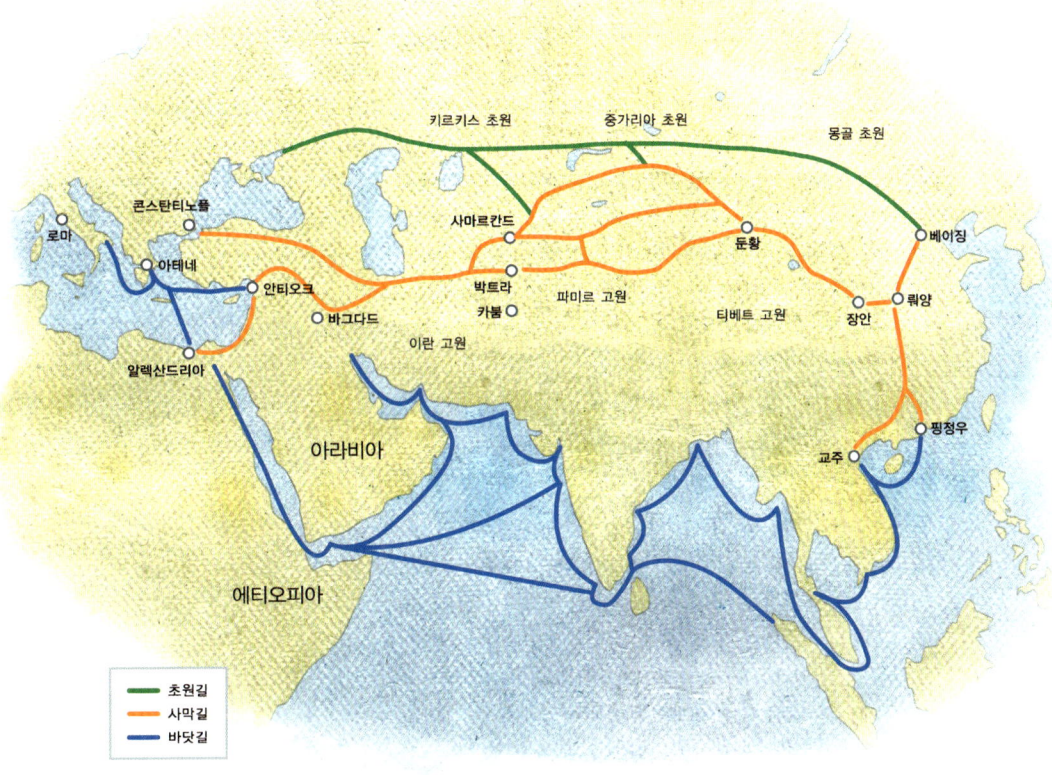

▲ 동서양의 교역로, 실크로드

동양과 서양은 오랜 옛날부터 교역을 했습니다. 초원길은 기원전 6~7세기 기마 민족인 스키타이인들이 동서를 가로지르면서 생겼습니다. 이 길을 통해 유목 민족들은 서로를 정복하기도 하고 교역을 하기도 했죠. 비단길은 중국 한나라 시대 때 개척된 길이에요. 이 길은 사막의 오아시스를 이어 놓은 길이라 사막길이라고도 불리고, 중국의 비단이 많이 오고가다 보니 비단길(실크로드)라고도 불려요. 그러다 항해술이 발달하면서 사람들은 바닷길을 이용하기 시작했습니다. 이 길은 향료와 도자기가 많이 오갔다고 해서 향료길, 또는 도자기길이라고도 불려요.

더 나아가 장보고는 직접 물자를 생산할 계획도 세웠습니다. 유럽에서 가장 인기 있는 도자기를 직접 만들려고 했던 것입니다. 그래서 당나라 월주의 흙과 가장 비슷한 흙이 있는 고장을 찾아 도자기 생산 시설을 만들었지요. 그곳이 바로 전라남도 강진이에요. 도자기하면 제일 먼저 떠오르는 고려청자, 조선백자 모두 이 강진이 고향이지요. 우리나라의 도자기 예술과 산업은 장보고가 그 씨를 뿌렸다고 해도 틀린 말이 아닌 것입니다.

장보고는 이처럼 천 이백여 년 전에 바다로 나가 국제 무역의 한 부분을 차지하고, 이를 바탕으로 우리나라 도자기 산업의 씨를 뿌린 사람입니다. 오늘날 세계적인 사업가들이 하는 것처럼 말입니다. 그래서 미국 하버드대 교수였던 라이샤워는 장보고를 '해상 상업 제국을 건설한 무역 왕'이라고 평가했답니다.

속담 한국사

열한 번째 보따리
후삼국 시대의 개막

장수 나자
용마 났다

용마는 용의 머리에 말의 몸통을 지닌 신령스러운 동물이에요.
매우 잘 달리는 훌륭한 말을 뜻하기도 하지요.
훌륭한 장수가 용마를 얻게 된다면 두려울 게 없겠죠?
그래서 '장수 나자 용마가 났다'는 속담은
훌륭한 사람이 좋은 때를 만났음을 이르는 말이에요.
신라는 백제와 고구려를 통일하고
화려한 불교 문화를 꽃피우며 우리 역사를 빛냈어요.
하지만 신라도 서서히 그 빛을 잃어 갔어요.
그때 새로운 영웅들이 등장했답니다.
그 영웅들에게 어지러운 신라는 '장수 나자 용마 났다'고
할 만큼 오히려 좋은 때였어요. 왜 그런지 알아볼까요?

새 시대를 여는 사람들

887년, 진성 여왕이 신라의 51대 왕이 되었습니다. 왕이 된 진성 여왕을 놓고, 사람들은 여기저기서 수군댔습니다.

"이 어지러운 나라를 잘 이끌어 가실까 몰라."

"누가 아니라나. 정말 걱정이네, 걱정이야."

당시 신라는 몹시 어지러웠습니다. 귀족들끼리 왕위 다툼을 벌이더니, 왕위 다툼에서 쫓겨난 이들이 여러 지방에서 반란을 일으키기까지 했습니다. 이 때문에 신라 곳곳이 전쟁터처럼 변했고, 왕의 힘은 지방에까지 미치지 못하게 되었습니다. 그러자 지방의 귀족들은 자기 지역의 재물과 백성들을 모아 큰 세력을 형성했습니다. 이런 세력을 호족이라고 합니다.

백성들도 떼를 지어 도둑질을 일삼았습니다. 흉년이 겹쳐 먹을 것을 찾아 떠돌다가 도둑이 된 것이지요. 이들을 초적이라고 합니다.

진성 여왕이 왕위 오른 지 3년 되던 해부터, 신라 전역에서 호족과 초적이 들끓었습니다. 여왕의 힘이 미칠 수 있는 곳은 오직 서라벌 주변뿐이었지요. 이제 신라는 호족과 초적들의 세상이었습니다. 누구나 힘만 있으면 땅을 차지하고 그 땅의 주인이 될 수 있게 된 것입니다.

이런 상황을 웃으며 지켜보던 인물이 있었답니다.

'영웅은 어지러운 시대에 탄생하는 법이지!'

그의 이름은 견훤이었습니다. 견훤은 여왕을 지키는 군사 중 하나였습니다. 견훤과 같은 군사들은 여왕을 보호하기 위해 호족이나 초적 들과 싸웠지요. 하지만 그들은 오합지졸이었습니다. 나라의 기강이 바로 서 있지 않은데, 군대라고 오죽했겠어요?

그런 가운데 견훤은 단연 눈에 띄었습니다. 범처럼 날래고 용감했거든요. 견훤은 금세 승진해서 비장 자리에 올랐습니다. 견훤은 언제나 군사들을 이끌며 맨 앞에서 싸웠지요. 그러자 군사들이 자연히 견훤 아래로 모여들었습니다.

"견훤 비장님과 함께 있으면 호족들의 군사건, 초적들이건 걱정 없다니까!"

"누가 아니래? 그놈들이 견훤 비장님 이름만 들어도 벌벌 떠는걸!"

부하들도 견훤을 닮아갔습니다. 여왕의 군대는 오합지졸이었지만, 견훤의 부대는 천하무적이었습니다.

그러자 견훤은 서라벌을 떠나기로 마음먹었습니다.

"신라는 이미 썩을 대로 썩어서 되살릴 수 없는 고목과 같다. 그 고목에

정성을 들인다 한들, 무슨 소용이 있겠는가? 그래서 나는 서라벌을 떠나려 한다."

견훤의 말에 부하들도 무기를 들고 따라나섰습니다.

"저도 가겠습니다!"

"장군님이 하시는 일이라면, 목숨을 바쳐 따르겠습니다."

어느 새 견훤은 5천 명의 대군을 이끄는 장군이 되었습니다.

견훤이 길을 잡은 곳은 무진주(오늘날의 전라남도 광주 지역)였습니다. 견훤은 군대를 이끌고 무진주를 공격해 손에 넣었지요. 그런 다음 무진주의 백성을 잘 다독이면서, 군사를 훈련시켰습니다. 그러자 주변의 호족들이 저절로 견훤의 밑으로 들어왔습니다. 견훤은 이를 바탕으로 완산주(오늘날의 전라북도 전주 지역)로 나아갔지요. 그곳에서 견훤은 깜짝 놀랐답니다.

"견훤 장군님이 오신다!"

"견훤 장군님 만세!"

완산주의 백성들이 견훤을 열렬하게 환영한 것입니다. 견훤은 기쁨을 감추며 생각했습니다.

'그래, 이제 때가 된 거야!'

사실 견훤은 오래전부터 꿈을 키우고 있었습니다. 그것은 바로 왕이 되는 꿈이었습니다. 망해 가는 신라를 대신해 온 나라를 통치할 왕이 되는 것, 그것이 바로 견훤의 소망이자, 꿈이었습니다. 하지만 견훤은 자신의 마음을 섣불리 드러낼 수 없었습니다. 비록 망해 가는 나라였지만, 천 년 가까이 이어져 온 신라의 힘을 무시할 수 없다고 생각했거든요. 그런데 완산주 백성들의 모습을 보자, 견훤은 용기를 낼 수 있었습니다. 그래서 이렇게 말했답니다.

"이 땅이 본디 누구의 땅이었던가? 이 땅은 온조 대왕이 세우신 백제의 땅 아니었는가? 200여 년 전, 저 신라 놈들이 당나라를 끌어들이지 않았다면, 이 땅은 아직도 백제의 땅이지 않았겠는가?"

완산주 백성들의 가슴속에 조금씩 울분이 솟아오르기 시작했습니다. 견훤의 말대로 이곳은 백제의 땅이었지요. 그리고 완산주의 백성들은 모두 백제의 후손이었습니다. 견훤이 말을 이었습니다.

"그래서 나는 오늘 이 땅에 백제를 다시 세우려고 한다! 백제의 땅에서 백제의 후손들과 함께, 백제를 다시 살려 내려고 한다! 나를 따르겠는가?"

순간 백성들은 만세를 부르며 소리쳤습니다.

"장군님을 따르겠습니다!"

"장군님과 함께 백제를 되살려 내겠습니다!"

이렇게 해서 견훤은 백제를 이은 나라를 세웠습니다. 그래서 나라 이름을 후백제라고 했답니다. 이때가 900년이었습니다.

견훤이 남쪽에서 세력을 넓히는 동안, 북쪽에서는 궁예가 세력을 키우고 있었습니다.

궁예는 본래 세달사라는 절의 중이었지만, 어지러운 세상을 바로잡고자 절을 나왔습니다. 그러고는 양길의 밑으로 들어갔습니다. 양길은 북원(오늘날의 강원도 원주)을 기반으로 큰 세력을 떨치던 사람이었습니다. 그러나 궁예는 양길 밑에 있을 인물이 아니었습니다.

'나보다 먼저 힘을 기르고 세력을 키운 사람에게서 배울 것은 배워야 한다.'

궁예는 이렇게 생각하고 있었던 것입니다. 이를 알 리 없는 양길은 궁예를 제 부하로만 여겼고, 군사를 주어 신라의 명주(오늘날의 강원도 강릉 지역)를 치게 했지요.

명주를 손에 넣은 궁예는 군사들과 함께 먹고 자며 생활했습니다. 콩 한 톨, 물 한 모금도 군사들과 함께 나누었지요. 그러자 궁예 주변으로 군사들이 몰려들어, 그의 군대는 3천5백 명으로 늘어났습니다. 이들은 궁예를 떠받들며 이렇게 말했습니다.

"저희는 오로지 궁예 장군만을 따를 것입니다."

"그렇습니다. 저희의 주인은 오로지 궁예 장군님이십니다."

이렇게 궁예는 군사들에 의해 장군이 되었습니다. 그러자 궁예는 결심했지요.

'이제 내 길을 가야 할 때다!'

이렇게 생각한 궁예는 양길과 손을 끊고, 태백산맥을 넘어 서쪽으로 갔습니다. 그러자 왕륭을 비롯한 경기도와 황해도 일대의 호족들이 궁예 밑으로 모여들었습니다.

"저희 호족들은 궁예 장군님을 따르겠습니다!"

호족들의 합류로 세력이 커지자, 궁예는 드디어 이렇게 선포했습니다.

"이 땅은 고구려의 옛 땅이다. 신라가 당나라를 끌어들이지만 않았다면, 고구려는 여전히 건재하리라! 그래서 나는 오늘 후고구려를 세워, 신라에 원수를 갚을 것이다!"

이때가 901년, 견훤이 후백제를 세운 바로 이듬해였습니다.

어지러운 시대의 영웅, 견훤과 궁예

9세기 말 진성 여왕이 등극할 무렵, 신라는 이름뿐인 나라였습니다. 곳곳에서는 반란이 일어났고 도둑떼가 들끓었지요. 이때는 정말로 살기 고달픈 시대였을 것입니다. 그러나 어떤 이들에게는 자기의 뜻을 펼칠 수 있는 시대일 수 있습니다. 어떤 사람들이냐고요? 바로 견훤과 궁예처럼, 새 나라를 세워 역사의 주역이 되고 싶은 사람들입니다. 이런 사람들에게 9세기 말 신라는 '장수 나자 용마 났다'는 속담처럼 훌륭한 인재에게 딱 맞는, 좋은 시대였던 것이지요.

견훤은 오늘날의 경상북도 상주 출신으로, 그의 아버지 아자개는 그 지역의 큰 호족이었습니다. 하지만 견훤은 아버지 밑에

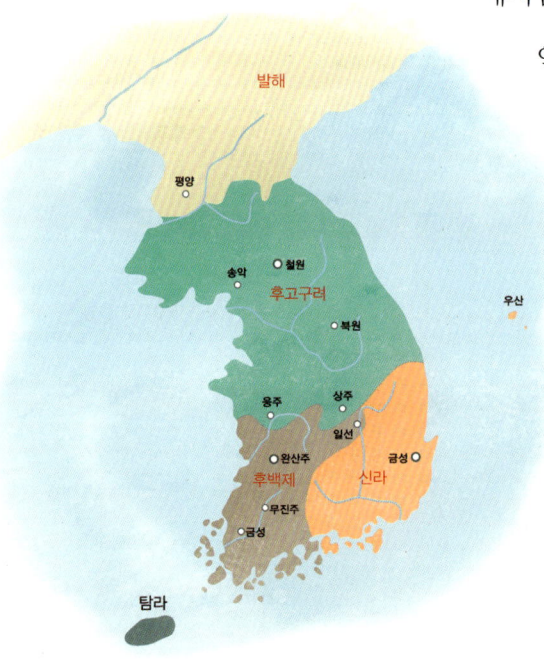

▲ 후삼국 시대
후백제는 완산주를 도읍으로 삼고 세력을 키웠습니다. 후고구려는 처음에는 송악을 도읍으로 정했지만, 곧 철원으로 도읍을 옮겼습니다.

있지 않고 서라벌로 가 군인이 되지요. 견훤은 아자개의 맏아들이었지만, 아버지와 사이가 좋지 않았습니다. 아자개가 두 번째 아내를 두어, 두 번째 아내와 그 아내가 낳은 자식들만을 끼고 돌았기 때문이에요. 이 때문에 견훤은 서라벌로 가 군인이 되었고, 결국 혼자 힘으로 나라를 세우게 된 것입니다.

궁예는 본래 신라 왕족 출신으로 알려져 있습니다. 그런데 궁예가 태어날 때, '나라에 해를 끼칠 아이'가 태어날 것이라는 예언이 있었답니다. 이 때문에 왕이 궁예를 버리라고 했는데, 그 명을 받은 군사가 차마 아기를 버리지 못하고 담 너머로 던져 버렸습니다. 이를 안 궁예의 유모가 궁예를 받았는데, 잘못하여 손가락으로 눈을 찌르고 말았습니다. 이 때문에 궁예는 애꾸눈이 되었답니다. 궁예는 유모의 손에 자라다가 뒤늦게 자신의 출생의 비밀을 알게 되었습니다. 그 뒤 세달사에서 중 노릇을 했는데, 큰 뜻을 품고 다시 세상에 나온 뒤 나라를 세운 것입니다.

이렇게 견훤과 궁예가 각각 후백제와 후고구려를 세움으로서, 신라 땅은 신라와 후백제, 후고구려 이렇게 셋으로 나뉘게 됩니다. 이 시대를 후삼국 시대라고 하지요. 그러나 신라는 이름만 있었을 뿐, 후삼국

시대의 주도권을 놓고 싸운 것은 후백제와 후고구려였습니다.

둘 가운데 더 큰 세력을 이룬 것은 후고구려였습니다. 궁예는 먼저 왕건을 앞세워 양규와 맞붙었습니다. 이때 왕건은 송악(오늘날의 개성)의 호족 왕륭의 아들이었습니다. 왕건은 궁예의 바람대로 양규를 격파하고 궁예의 세력을 크게 넓혔습니다. 또한 왕건은 수군을 이끌고 금성(오늘날의 전라남도 나주 지역)을 쳤습니다. 금성은 견훤이 손에 넣지 못하고 있던 땅이었는데, 왕건이 선수를 친 것이지요. 금성을 손에 넣음으로써, 후백제는 후고구려를 함부로 공격할 수 없게 되었습니다. 잘못하다가는 북쪽과 남쪽에서 동시에 적을 막아야 할 테니까요. 이로써 후고구려는 후삼국의 주도권 싸움에서 유리한 위치를 점하게 되었답니다.

궁예의 자리를 대신한 왕건

왕건이 땅과 바다를 누비며 후고구려의 세력을 확장하는 동안, 궁예는 나라의 이름을 두 번이나 바꾸었습니다. 904년에는 이름을 마진으로, 911년에는 태봉으로 바꾸었지요. 도읍지도 송도에서 철원으로 옮겼고요.

그런데 언젠가부터 궁예는 자신을 미륵불이라고 했습니다. 미륵불이란 불교에서 '미래에 올 부처님'을 일컫는 말입니다. 어지러운 세상을 바로잡고 백성을 구하는 부처님이지요. 스스로 자신을 미륵불이라고 하다니! 궁예는 스스로를 신처럼 여긴 것입니다. 그러니 어땠을까요? 궁예는 모든 이에게 무조건적인 복종을 강요했습니다. 더 나아가 자신은 사람의 마음을 꿰뚫어 볼 수 있는 관심법을 갖고 있다며, 반역은 꿈도 꾸지 말라고 협박했지요.

궁예는 점점 폭군이 되어 갔습니다. 자신을 섬기고 복종하지 않으면, 누구든 가만두지 않았습니다. 관심법으로 사람들의 마음을 들여다본 뒤, 반역을 하려 했다며 신하들을 고문하고 죽였지요. 보다 못한 왕비와 아들이 나서 말리자, 그들마저 죽여 버렸습니다. 그러자 민심이 서서히 궁예를 떠나기 시작했습니다.

결국 궁예의 부하들이 나섰습니다. 그들은 궁예의 부하였던 왕건을 새 임금으로 추대하고 궁예를 몰아냈습니다. 이렇게 세워진 나라가 바로 고려입니다. 이로써 후삼국 시대를 이끌어가는 주인공은 궁예에서 왕건으로 바뀌게 되었습니다. 이때가 918년이지요.

속담 한국사

열두 번째 보따리
왕건과 후삼국 통일

치 위에
치가 있다

치는 옛날에 쓰이던 길이를 세는 단위로
1치는 약 3.33센티미터지요.
이 속담은 1치 위에는 2치가 있고, 2치 위에는 3치가 있듯이
아무리 재주가 훌륭하고 힘이 세더라도
그 위에 보다 더 나은 사람이 있다는 뜻을 담고 있어요.
후삼국 시대는 바로 치 위에 치가 있는 시대였어요.
각각 나라를 세우고 왕이 되었지만
결국 한 나라 한 사람의 왕만이 한반도의 주인이 되었으니까요.
자 그럼 누가 '치'였고 누가 '치 위의 치'였는지 볼까요?

공산 전투와 고창 전투

왕건이 궁예의 자리를 대신함으로써, 이제 왕건과 견훤이 후삼국 시대의 주도권을 두고 싸우게 되었습니다. 둘의 목표는 모두 후삼국의 통일이었지요. 그러나 이 목표를 이루기 위한 두 사람의 계획에는 큰 차이가 있었습니다.

"신라는 이제 이빨 빠진 호랑이가 아니냐! 그러니 신라를 먼저 친 뒤, 고려와 붙자!"

견훤은 이렇게 생각하고 있었습니다. 그에 비해 왕건은 이렇게 생각했답니다.

"신라는 어차피 망한 나라다. 그런 나라와 싸울 이유가 뭐가 있겠는가? 후백제만 무너뜨리면 신라는 저절로 무릎을 꿇을 것이다."

그래서 후백제는 신라를 자주 공격하였고, 고려는 그렇지 않았습니다. 이 때문에 신라의 왕과 백성들은 견훤을 미워했습니다. 심지어 신라의 왕들은 견훤을 노골적으로 욕했고, 후백제와 고려가 싸울 때 슬쩍슬쩍 고려를 돕기도 했습니다. 견훤은 화가 났지요.

"신라 왕에게 본때를 보여 줘야겠어!"

이렇게 생각한 견훤은 927년 신라의 서라벌을 기습했습니다. 견훤은 신라의 궁성을 짓밟고 신라의 제55대 왕인 경애왕(재위 924년~927년)을 자신의 앞에 무릎 꿇렸지요.

"천 년이 넘은 나라를 이 지경으로 만들어 놓고서 감히 나를 욕해?"

견훤은 칼을 번쩍 들었습니다. 부들부들 떨던 경애왕은 눈을 질끈 감았지요. 그러자 견훤이 제 칼을 경애왕 앞에 던지며 말했습니다.

"그래도 왕이니, 마지막 가는 길에 체면을 살려 주마. 네 목숨을 네 스스로 끊어라!"

경애왕은 결국 스스로 제 목숨을 끊었습니다. 그러자 견훤은 경애왕의 외사촌 김부(신라의 마지막 임금 경순왕)를 신라 왕에 올리고 서라벌에서 철수를 했답니다.

서라벌을 빠져나온 견훤은 달구벌(오늘날의 대구광역시)을 지나 후백제로 돌아갈 생각이었습니다. 그런데 부하가 달려와 말했습니다.

"마마, 고려의 왕건이 서라벌에 닿았다고 하옵니다."

순간 견훤의 입가가 일그러졌습니다.

"신라 놈들이 또 왕건에게 도움을 청했던 모양이구나. 허나 한발 늦은 걸 지들이 어쩌겠느냐!"

그러나 곧 견훤의 눈이 빛났습니다. 가만있을 왕건이 아니었습니다.

자신을 뒤쫓을 것이 분명했지요. 견훤은 부하들에게 일렀습니다.

"고려 군이 우리를 뒤쫓을 것이 분명하다. 공산(오늘날 대구광역시 팔공산)에 매복하여, 왕건의 군대를 모조리 쓸어버리고 가자!"

견훤의 명에 따라 후백제의 군사들은 모두 공산에 매복했습니다. 그러고는 고려 군이 오기만을 기다렸지요.

드디어 멀리서 먼지 구름이 보이기 시작했습니다. 수천 명의 고려 기병이 달려오고 있는 것이었지요. 그것을 살펴보던 견훤은 벌떡 일어났습니다.

"왕건이 직접 오다니……."

고려 군을 이끌고 오는 이가 다름 아닌 왕건이었던 것입니다. 견훤은 하늘이 자신에게 기회를 준다고 여겼습니다. 왕건을 죽이거나 사로잡을 좋은 기회가 왔으니까요! 견훤은 고려 군이 공산 골짜기 깊숙이 들어올 때를 기다려, 공격 명령을 내렸지요.

"쏴라!"

견훤의 명령에 후백제 군의 화살이 소나기처럼 고려 군에게 꽂혔습니다. 수많은 고려 군이 그대로 말 위에서 떨어지고 말았지요. 견훤이 다시 소리쳤습니다.

"돌격하라!"

몸을 숨기고 있던 후백제 군사들이 칼을 휘두르며 달려 나갔습니다.

후백제 군이 숨어 있으리라고는 상상도 하지 못했던 고려 군은 당황해서 어쩔 줄 몰랐지요. 후백제 군은 전열이 흐트러진 고려 군을 사정없이 베기 시작했습니다.

그러자 왕건의 부하 신숭겸이 주변을 겨우 수습하며 소리쳤습니다.

"대왕 마마를 보호하라!"

신숭겸을 비롯한 많은 군사들이 왕건의 주위를 에워쌌습니다. 하지만 벌써 후백제 군이 왕건을 향해 새까맣게 몰려들고 있었습니다.

"저기 왕건이 있다! 왕건을 잡아라!"

그러자 신숭겸이 갑옷을 벗으며 왕건에게 말했습니다.

"대왕 마마, 저와 갑옷을 바꿔 입으시옵소서."

"무슨 소리요? 그럴 수 없소!"

왕건이 단호하게 말했지만, 신숭겸은 왕건의 갑옷마저 벗기기 시작했습니다.

"대왕 마마가 쓰러지시면 우리 고려가 쓰러집니다."

신숭겸은 이렇게 말하며 기어이 왕건과 갑옷을 바꿔 입었습니다. 그러고는 왕건의 곁에서 멀리 떨어져 싸우기 시작했지요. 그러자 후백제 군들은 신숭겸이 왕건인 줄 알고, 신숭겸을 추격하기 시작했습니다. 신숭겸은 결국 목숨을 잃고 말았지요.

이 싸움에서 후백제는 고려에게 큰 승리를 거두었습니다. 왕건을 따라

나섰던 5천 기병을 거의 몰살시키다시피 했으니까요.

그러나 견훤은 끝내 왕건을 잡지도 죽이지도 못했습니다. 갑옷을 바꿔 입은 신숭겸과 목숨을 바쳐 싸운 고려 군 덕분에, 왕건은 겨우 전장을 탈출할 수 있었던 것입니다. 견훤은 쓴웃음을 삼키며 중얼거렸습니다.

"하늘이 주신 기회를 놓쳤어!"

공산 전투 이후, 고려는 번번이 후백제에게 패했습니다. 이 때문에 많은 성을 잃고 신숭겸을 비롯한 수많은 장수들까지 잃었지요. 그런 때 견훤이 고창(오늘날의 경상북도 안동)을 공격한다는 소식이 전해졌습니다.

"어서 고창으로 지원군을 보내야 하옵니다."

"그럴 길이 없습니다. 고창으로 가려면 죽령(소백산맥의 고개)을 넘어가야 하는데, 죽령은 견훤의 손에 있지 않습니까?"

"그렇다고 고창을 버릴 수 없소! 그곳에 있는 우리 군사 3천 명을 모두 죽일 셈이오? 게다가 고창을 잃으면 낙동강 자락의 땅을 모두 잃고 마오!"

신하들의 말을 들으며 왕건은 마음을 굳혔습니다.

"어떻게 해서든 죽령을 넘어가, 고창을 지켜야 한다."

왕건은 고창마저 잃으면 판세가 완전히 후백제로 기울 것이라고 판단하고 있었던 것입니다.

고려 군은 우선 죽령으로 향했습니다. 다행히 유금필이 이끄는 고려 군은 죽령을 손에 넣었지요. 그런데 그때 신라의 선필이라는 장수가 항복을 해왔습니다. 선필의 군대는 많지 않았지만 왕건은 천군만마를 얻은 것보다 더 든든했습니다.

'선필의 군사들은 이곳에서 나고 자란 이들이라, 이곳 지리를 누구보다 더 잘 알고 있다. 그들을 길잡이로 쓴다면, 분명 우리에게 승산이 있어.'

왕건의 생각은 맞았습니다. 선필의 군사들은 고창으로 가는 지름길로 고려 군을 인도했고, 결국 고려 군은 후백제 진영 코앞에 진채를 열 수 있었습니다. 그때 또다시 기쁜 소식이 들려왔습니다. 신라 백성들로 이루어진 군사들이 고려를 돕기 위해 온 것이었습니다. 왕건은 더욱 자신을 가질 수 있었습니다.

'백성들의 마음은 하늘의 마음이라고 했어. 하늘의 마음이 내게 기운 것이다!'

며칠 뒤 새벽, 고려 군과 후백제 군의 전투가 시작되었습니다. 이 전투에서 고려 군은 큰 승리를 거두어, 공산 전투에서 진 빚을 깨끗하게 갚았습니다.

진정한 치

　공산 전투와 고창 전투에서 견훤과 왕건은 각각 승리를 거두었습니다. 그런데 견훤이 승리를 거둔 것은 오로지 후백제의 힘이었던 반면, 왕건이 승리를 거두는 데는 신라 군과 백성들의 힘이 큰 역할을 했습니다. 쓰러져 가는 신라였지만, 결정적인 순간 힘을 발휘할 수 있는 저력이 있었던 것이지요. 견훤은 그런 신라의 미움을 받았던 반면, 왕건은 도움을 받았습니다. 그 결과 누가 이겼을까요? 후삼국 시대, 누가 치고 누가 '치 위의 치'였을까요? 이미 알고 있겠지만, '치 위의 치'는 바로 왕건이었습니다.

　929년 고창 전투 이후, 후백제는 점차 고려에 밀리기 시작했습니다. 그러자 견훤은 왕위를 물려주기로 결심했습니다. 자신이 벌써 일흔을 바라보는 나이라, 힘이 부치다는 생각을 했던 것입니다.

　견훤은 넷째 금강을 후계자로 지목했습니다. 견훤이 둘째 아내를 사랑해, 그의 소생에게 왕위를 물려주려 한 것입니다. 그러자 첫째 부인의 소생이자 맏아들인 신검이 견훤에게 반기를 들었습니다. 금강을 죽이고 견훤을 금산사라는 절에 가둬 버린 것입니다. 그러자 견훤은 후백제를 탈출했습니다. 갈 곳 없는 견훤은 결국 적인 왕건에게 투항했지요.

왕건은 견훤을 융숭하게 대접했습니다. 자기보다 훨씬 나이가 많은 견훤을 상부(尙父, 임금이 특별 대우를 하는 신하를 부르는 존칭)라 부르며, 특별하게 대했습니다.

이는 신라 경순왕의 마음을 크게 움직였습니다. 견훤을 미워하고 왕건을 가까이했지만, 사실 경순왕에게는 견훤이나 왕건이나 모두 적이었습니다. 견훤이나 왕건이나 원하는 것은 단 하나 후삼국의 통일이었고, 두 나라 가운데 하나로의 통일은 결국 신라의 멸망이었으니까요. 경순왕이 할 수 있는 일은 어느 나라에 무릎을 꿇느냐, 그것을 결정하는 것뿐이었지요. 견훤에 비해 왕건이 훨씬 온화한 인물이어서, 경순왕은 왕건에게 마음이 기울어져 있었습니다. 그런 때 왕건이 견훤마저 끌어안는 것을 보자, 경순왕은 마음을 굳혔습니다. 왕건이라면 틀림없이 자신을 소홀하게 대접하지 않으리라는 확신이 섰던 것입니다. 935년, 경순왕은 결국 왕건에게 나라를 들어 항복합니다. 이로써 기원전 57년 세워져 거의 1천 년의 세월을 이어왔던 신라는 역사 속으로 사라지게 되지요.

신라의 항복으로 남은 것은 신검의 후백제뿐이었습니다. 견훤은 왕건에게 신검을 치라고 강력하게 요청했고, 후백제에 남아 있던 견훤의 세

력들도 왕건을 돕겠다고 나섰습니다. 왕건은 마침내 10만의 대군을 이끌고 후백제로 나아갔습니다.

 이미 대세는 결정이 나 있었습니다. 신검은 제대로 싸워 보지도 못한 채 도망치다, 결국 왕건에게 항복하고 말지요. 이로써, 30여 년 간의 후삼국 시대는 왕건이 이끄는 고려의 승리로 끝이 났습니다. 왕건이 마침내 '치 위의 치'가 된 것이지요. 이때가 936년이랍니다.

고려 통일의 의미

676년 신라의 삼국 통일을 두고는 비판이 많습니다. 외세를 끌어들인 데다, 고구려 대부분의 땅은 차지하지도 못했는데, 무슨 통일이냐는 것이지요. 게다가 신라 북쪽에 발해가 등장해, 남쪽에는 신라, 북쪽에는 발해가 있는 상황이었습니다. 그래서 옛날에는 676년 이후를 통일신라 시대로 불렀지만, 요즘은 남북국 시대로 더 많이 불리고 있지요.

하지만 936년 고려의 통일을 두고는 전혀 다른 의견이 없답니다. 일단 고려의 통일은 누구의 힘도 빌리지 않은, 우리 겨레의 힘만으로 이룩한 통일이었습니다. 게다가 고려는 통일신라가 가진 영토를 고스란히 유지했습니다. 뿐만 아니라 고려의 통일은 고구려의 후예인 발해인들도 참여한 통일이었습니다. 후삼국 시대는 발해가 멸망하던 시기이기도 했는데, 이때 많은 발해인들이 고려로 망명했지요. 고려는 이들을 형제라며 받아들여 고려 땅에서 살게 했는데, 이들도 고려가 후백제 신검을 치기 위해 군사를 일으켰을 때 함께 한 것입니다. 고려의 통일에는 그 옛날 고구려, 백제, 신라 세력 모두가 함께 참여한 통일이었던 것입니다. 그래서 고려의 통일이야말로, 우리 겨레의 실질적인 통일이라고 평가하기도 합니다.

이렇게 우리 겨레를 통일한 고려는 이후 500년 동안 우리 겨레의 역사를 이끌어 나갔습니다.